METHUEN'S TWENTIETH CENTURY TEXTS

JEAN-PAUL SARTRE

Huis Clos

Edited by
JACQUES HARDRÉ
and
GEORGE B. DANIEL
University of North Carolina

Methuen Educational Ltd
LONDON · NEW YORK · SYDNEY
TORONTO · WELLINGTON

This edition first published in Great Britain in 1964 by
Methuen Educational Ltd
11 New Fetter Lane, London EC4P 4EE
Reprinted six times
Reprinted 1983

Text © 1947 by Librairie Gallimard
Editorial matter © 1962 by Meredith Publishing Company

Printed in Great Britain by
J. W. Arrowsmith Ltd, Bristol

ISBN 0 423 82800 2

PREFACE

Although this separate classroom edition of Jean-Paul Sartre's play, *Huis clos,* is designed primarily for use by intermediate French classes, it can be used, in class or out, at any level of college and university instruction in French.

Huis clos was chosen not only for its dramatic intensity and lucid presentation of certain aspects of existentialism—a forceful and controversial interpretation of contemporary attitudes—but also for its brevity. Forceful and brief as the play is, it should help meet the needs of teachers who search constantly for intellectually mature but short works that can be read in their entirety.

The introduction, though it does not pretend to offer a complete survey of Sartre's thought, does present those tenets of existentialism most useful to an understanding of the philosophical implications of *Huis clos*, while exercises following the text aim to engage the student's own powers of interpretation rather than simply his memory of isolated details.

Jacques Hardré
George Daniel

May, 1961

CONTENTS

INTRODUCTION

During the German occupation of France in World War II, the Parisian theater-goers found solace and pride in witnessing the works of two outstanding French dramatists: Paul Claudel, whose remarkable drama *Le Soulier de satin* was masterfully staged by Jean-Louis Barrault in 1943; and Jean-Paul Sartre, whose two plays *Les Mouches* and *Huis clos* were presented, the first by Charles Dullin in 1943 and the second by Albert Camus in 1944. In both of Sartre's plays the French saw direct references to two of their contemporary preoccupations: the quest for liberty, and the problem of having to live in the stifling atmosphere of a Hell created by the Others.

The author was born in Paris on June 21, 1905, of a well-to-do middle class family. His father, a naval officer, having died in 1907, Jean-Paul was brought up in his grandfather's home until 1917, when his mother remarried. It seems probable that Jean-Paul was influenced by his grandfather, who adored him. He was a professor and a writer—Sartre also became a professor and a writer.

After having brilliantly pursued his studies first at the *lycée* of La Rochelle and then at the famous *Lycée Henry IV* in Paris, Sartre, in 1924, entered the *Ecole Normale Supérieure.* There he specialized in philosophy, passed his *licence* (roughly equivalent to an M.A.) and was, in 1929, received first at the *agrégation de philosophie* (a very difficult competitive examination administered by the government to recruit professors).

Sartre's teaching career began at Le Havre. From there he was sent to Laon and finally to Paris, at the *Lycée Pasteur.* When the World War broke out in 1939, he was mobilized in the Ambulance Corps, was taken prisoner by the Germans in June 1940, and spent ten months in captivity. Liberated in 1941, he took up his teaching again at the *Lycée Pasteur.*

Apart from *La Nausée*,* a novel published in 1938, Sartre had already written several philosophical works, articles of literary criticism, and a collection of short stories (*Le Mur*, 1939). In 1943, he published a monumental work entitled *L'Être et le néant* to explain his philosophy (influenced by the German thinkers Heidegger and Husserl) which he called a philosophy of existence, or *existentialism*.

In 1945, Sartre resigned as professor of philosophy in order to devote himself entirely to his writing. He founded a review: *Les Temps Modernes;* traveled extensively; and became through his novels (*Les Chemins de la liberté*, three volumes of which have appeared since 1945—*L'Age de raison, Le Sursis*, and *La Mort dans l'âme*), his plays (*Morts sans sépulture*, 1946; *La Putain respectueuse*, 1946; *Les Mains sales*, 1948; *Le Diable et le bon Dieu*, 1951; *Kean*, 1954; *Nekrassov*, 1955, and *Les Séquestrés d'Altona*, 1960), as well as through his numerous philosophical and literary essays, the leader of a new philosophical generation. After the Liberation of France, Sartre was undeniably the most famous French writer and since then has become an international figure. As a witness of that phase of European thinking which prevailed after the War, characterized by an uncompromising sincerity, a lack of complacency, and a total rejection of hypocritical postures and false values, Jean-Paul Sartre is today without a peer.

Sartrian existentialism is an atheistic philosophy which postulates that in man, *existence precedes essence.* There is no universal essence of man, which an individual must strive to attain and conform to. On the contrary, man is a free being who creates his own essence as he lives and who, since he is free, is capable of choosing for himself just what kind of man he wants to become. Since he is a free agent (he is, in fact, *condemned* to be free, says Sartre), from his birth to his death, it cannot be said that man *is* anything until he has ceased *becoming*, i.e. when he is dead. At that time, but not until

---

*Le Havre, under the name of Bouville, is the setting for this work.

then, he will be a Hero, a Coward, a Saint, or a Rascal, according to how the Others see him. For it is only through the eyes of the Others that Man can see his image, and what the Others see of him is only his acts. Man's acts are therefore of prime importance. Through them he engages himself in the world about him; this engagement, in turn, creates his essence and, at the same time, creates his image in the eyes of the Others.

This explains why existentialism speaks so often of man's anguish. He knows that his acts are all-important, that they depend upon the choices that he makes, that he cannot give excuses for his choices and is therefore responsible for them. His anguish arises from the knowledge that Death may cut him short before he has realized what he feels to be his true essence. He may have had the intention of becoming a hero all his life but, confronted, as is one of the characters in *Huis clos,* with death by a firing squad, he may be overcome by physical weakness and die as a coward. The Others will know of him only that he died afraid, and not that he had the intention of dying bravely. As long as the Others will think of him he will thus *be* a Coward.

When Sartre speaks of the self, he distinguishes the *être-en-soi,* the in-itself, from the *être-pour-soi,* the for-itself. The latter he characterizes as fluid, free, always in flight toward the future. This is our conscious, living self which is always in a state of becoming and therefore never at rest. The *être-en-soi,* on the other hand, is the static, solid, non-conscious self. For example, our past life is an *en-soi,* since it is what it is and can never be changed. In like manner, all objects are *en-soi*: a table is a table, a chair is a chair, a rose is a rose, etc.

According to Sartre, most individuals would like nothing better than to avoid having to make choices and, thus, to abandon their liberty, to be at rest, or, in other words, to be objects. However, since they are alive and conscious, they must keep on being *pour-soi.* What they are striving for, in fact, is to be an *en-soi-pour-soi,* a self which would at the same time be free and fixed, fluid and static, conscious and non-conscious, object and subject. This, says Sartre, is manifestly impossible.* What happens frequently, however, is that an individual who denies his liberty and yearns to be an *en-soi*, lives in a middle state between fluidity and solidity, a state described in Sartrian literature as viscous, dough-like, marshy, etc. The person who lives in such a state takes on its physical characteristics, for example Estelle in *Huis clos*.

This yearning to escape one's liberty and responsibility is termed bad faith by Sartre. He who turns to Authority (whether represented by the Church, the Family, the State or Society) rather than to his own self for guidance, when confronted by a choice, is abdicating his liberty, therefore his authenticity, and at the same time, passing on to the Others the responsibility for his acts. Such a person is forever finding excuses for the essence that he is in the process of creating, and ascribing the responsibility for it to everyone but himself. In reality, he and he alone is responsible; for even when he is choosing to let the others choose for him, the choice is still his.

Man is, therefore, a free and responsible being who must, in a Godless world, create his values for himself. Sartre rejects the Christian doctrine of creation, redemption and salvation and, of course, eternal damnation. The traditional image of Hell, as a place where the damned go to suffer torture for their sins, is in Sartre's opinion a false image, a myth. The only punishment there is, is that meted out to the individual here on earth by the Others. They see him not as a free self but as a static one, an object. They label him as *being* this or that, thus denying him his liberty of *becoming* something else. Since an individual needs the Others in order to know what his image is, he is at all times suffering the torments of the damned. He can, at times, escape momentarily these torments by shutting his eyes, by sleeping, or through love.

*This is what he refers to as man's useless passion to become God.

He can also, by looking at himself in a mirror, try to see himself as the Others see him and thus escape for a while the necessity of the Others.

Suppose that it were impossible for the individual to use a mirror, or to seek refuge in sleep, or in love. He would then be in an absolute Hell. This is precisely what happens in *Huis clos.*

Sartre has written that the ideal play should be a brief one, centered around a single event; it should deal with only a few people and take place within a short span of time; it should use only one set and on that set the characters should be engaged in intense argument. This ideal, closely akin to the classical concept of the theater, has been realized in *Huis clos.* We have here one long act, separated into five scenes of varying lengths, which lasts approximately one hour and a half. There are only four characters, one of whom plays a minor role. The three main protagonists are Garcin, a pacifist who wanted to be brave but died as a coward and who is responsible for his wife's death; Estelle, a nymphomaniac who killed her own child and caused the death of her lover; Inès, a lesbian (perhaps the most authentic character in the Sartrian theater since she assumes full responsibility for her acts) who drove her friend to suicide and murder. They are not nice people—but nice people do not go to Hell!

Sartre places them together, for eternity, in a hot, ugly room where there are no mirrors, no useful objects to distract their attention, no means of escaping from each other's glance. Sleep is impossible, not only because the light burns incessantly but also because their eyelids will gradually become atrophied. Love is out of the question: the only possible combination, Estelle - Garcin, will be foiled by Inès' presence. Thus there is no chance of the three co-operating to change their Hell into a Paradise. Though they try, at first, (with the exception of Inès) to lie to one another, as they lied to themselves while on earth, they soon realize that now they have lost their freedom. They *are* the image that the Others have fashioned and they are powerless to change that image, for their acts can no longer be changed. All they can do is . . . *continue*, as Garcin says at the end of the play, continue the absurd and infernal existence of being simultaneously torturer and tortured.

Let us remember that, for Sartre, the traditional Hell does not exist. What he is describing in *Huis clos* is, in reality, the torment of those beings who, on earth, live in self-deception (Garcin and Estelle) or who have chosen to lead a life contrary to the general welfare (Inès). Their punishment is not in the hereafter but in the here and now.

GLOSSARY OF TERMS FREQUENTLY ENCOUNTERED IN EXISTENTIALIST LITERATURE

L'ABSURDE:

Reality is absurd because we recognize our inability to explain its existence. The outside world exists without apparent justification, foundation or purpose.

LA NAUSÉE:

Nausea is the feeling of repulsion that overtakes us when we become aware of the absurdity of reality.

L'ANGOISSE:

Anguish is the normal condition of those who have become aware of their total liberty, and of the fact that there are no universal values that can justify the choices they have made.

L'AUTHENTICITÉ:

A man who has grasped and accepted the fact that he is free, who has realized what his situation is, and who has, within that situation, chosen to engage himself in the world around him so as to affirm his liberty, is an authentic person.

LE CHOIX:

Man is condemned, because he is free, to choose what he is going to be, by his daily actions. This choice also implies the attitude of the Others and hence is another source of anguish.

L'ÊTRE-EN-SOI:	The being of exterior things is contained entirely within the limits of those things. It cannot change into something else nor modify itself. It thus escapes the contingencies of time.
L'ÊTRE-POUR-SOI:	This is the conscious being, capable of reflecting upon itself and of changing itself through free choice. It is characterized by liberty and fluidity.
L'ÊTRE POUR-AUTRUI:	This is the "pour-soi" as seen by the Others. The latter constitute the only limitations to the liberty of the "pour-soi," but they are indispensable to it, since only they can make it aware of itself.
LA MAUVAISE FOI:	Bad faith, or self-deception, is the attitude of those who seek to escape from the anguish and the nausea that inevitably follow the realization that man is free and that the world is absurd.
LA VISCOSITÉ:	This is the intermediary stage between fluidity (the state of the *pour-soi*) and solidity (the state of the *en-soi*). It is the state of those who renounce liberty and seek to become solid, unchangeable.
LA LIBERTÉ:	To be free is to recognize one's complete independence; to make one's own life through one's own initiative; to reject any idea of absolute Good or absolute Evil and to accept no judge or mentor save one's own conscience.

SCÈNE | PREMIÈRE

GARCIN, LE GARÇON D'ÉTAGE

Un salon style Second Empire. Un bronze sur la cheminée.

GARCIN, *il entre et regarde autour de lui.* — Alors voilà.

LE GARÇON. — Voilà.

GARCIN. — C'est comme ça...

LE GARÇON. — C'est comme ça.

GARCIN. — Je... Je pense qu'à la longue on doit s'habituer aux meubles

LE GARÇON. — Ça dépend des personnes.

GARCIN. — Est-ce que toutes les chambres sont pareilles?

LE GARÇON. — Pensez-vous. Il nous vient des Chinois, des Hindous. Qu'est-ce que vous voulez qu'ils fassent d'un fauteuil Second Empire?

GARCIN. — Et moi, qu'est-ce que vous voulez que j'en fasse? Savez-vous qui j'étais? Bah! ça n'a aucune importance. Après tout, je vivais toujours dans des meubles que je n'aimais pas et des situations fausses; j'adorais ça. Une situation fausse dans une salle à manger Louis-Philippe, ça ne vous dit rien?

LE GARÇON. — Vous verrez; dans un salon Second Empire, ça n'est pas mal non plus.

GARCIN. — Ah, bon. Bon, bon, bon. (*Il regarde autour de lui*) Tout de même, je ne me serais pas attendu... Vous n'êtes pas sans savoir ce qu'on raconte là-bas?

1

LE GARÇON. — Sur quoi?

GARCIN. — Eh bien... (*avec un geste vague et large*) sur tout ça.

LE GARÇON. — Comment pouvez-vous croire ces âneries? Des personnes qui n'ont jamais mis les pieds ici. Car enfin, si elles y étaient venues...

GARCIN. — Oui.

Ils rient tous deux.

GARCIN, *redevenant sérieux tout à coup.* — Où sont les pals?

LE GARÇON. — Quoi ?

GARCIN. — Les pals, les grils, les entonnoirs de cuir.

LE GARÇON. — Vous voulez rire ?

GARCIN, *le regardant.* — Ah ? Ah bon. Non, je ne voulais pas rire. (*Un silence. Il se promène.*) Pas de glaces, pas de fenêtres, naturellement. Rien de fragile. (*Avec une violence subite :*) Et pourquoi m'a-t-on ôté ma brosse à dents ?

LE GARÇON. — Et voilà. Voilà la dignité humaine qui vous revient. C'est formidable.

GARCIN, *frappant sur le bras du fauteuil avec colère.* — Je vous prie de m'épargner vos familiarités. Je n'ignore rien de ma position, mais je ne supporterai pas que vous...

LE GARÇON. — Là ! là ! Excusez-moi. Qu'est-ce que vous voulez, tous les clients posent la même question. Ils s'amènent : "Où sont les pals ?" A ce moment-là, je vous jure qu'ils ne songent pas à faire leur toilette. Et puis, dès qu'on les a rassurés, voilà la brosse à dents. Mais, pour l'amour de Dieu, est-ce que vous ne pouvez pas réfléchir ? Car enfin, je vous le demande, *pourquoi* vous brosseriez-vous les dents ?

GARCIN, *calmé.* — Oui, en effet, pourquoi ? (*Il regarde autour de lui.*) Et pourquoi se regarderait-on dans les glaces? Tandis que le bronze, à la bonne heure... J'imagine qu'il y a de certains moments où je regarderai de tous mes yeux. De tous mes yeux, hein ? Allons, allons, il n'y a rien à cacher; je vous dis que je n'ignore rien de ma position. Voulez-vous que je vous raconte comment cela se passe? Le type suffoque, il

2

s'enfonce, il se noie, seul son regard est hors de l'eau et qu'est-ce qu'il voit ? Un bronze de Barbedienne. Quel cauchemar ! Allons, on vous a sans doute défendu de me répondre, je n'insiste pas. Mais rappelez-vous qu'on ne me prend pas au dépourvu, ne venez pas vous vanter de m'avoir surpris ; je regarde la situation en face. (*Il reprend sa marche.*) Donc, pas de brosse à dents. Pas de lit non plus. Car on ne dort jamais, bien entendu ?

LE GARÇON. — Dame !

GARCIN. — Je l'aurais parié. *Pourquoi* dormirait-on ? Le sommeil vous prend derrière les oreilles. Vous sentez vos yeux qui se ferment, mais pourquoi dormir ? Vous vous allongez sur le canapé et pffft... le sommeil s'envole. Il faut se frotter les yeux, se relever et tout recommence.

LE GARÇON. — Que vous êtes romanesque !

GARCIN. — Taisez-vous. Je ne crierai pas, je ne gémirai pas, mais je veux regarder la situation en face. Je ne veux pas qu'elle saute sur moi par derrière, sans que j'aie pu la reconnaître. Romanesque ? Alors c'est qu'on n'a même pas besoin de sommeil. Pourquoi dormir si on n'a pas sommeil ? Parfait. Attendez. Attendez : pourquoi est-ce pénible ? Pourquoi est-ce forcément pénible ? J'y suis : c'est la vie sans coupure.

LE GARÇON. — Quelle coupure ?

GARCIN, *l'imitant.* — Quelle coupure ? (*Soupçonneux.*) Regardez-moi. J'en étais sûr ! Voilà ce qui explique l'indiscrétion grossière et insoutenable de votre regard. Ma parole, elles sont atrophiées.

LE GARÇON. — Mais de quoi parlez-vous ?

GARCIN — De vos paupières. Nous, nous battions des paupières. Un clin d'œil, ça s'appelait. Un petit éclair noir, un rideau qui tombe et qui se relève : la coupure est faite. L'œil s'humecte, le monde s'anéantit. Vous ne pouvez pas savoir combien c'était rafraîchissant. Quatre mille repos dans une heure. Quatre mille petites évasions. Et quand je dis quatre mille... Alors ? Je vais vivre sans paupières ? Ne faites

3

pas l'imbécile. Sans paupières, sans sommeil, c'est tout un. Je ne dormirai plus... Mais comment pourrai-je me supporter ? Essayez de comprendre, faites un effort : je suis d'un caractère taquin, voyez-vous, et je... j'ai l'habitude de me taquiner. Mais je... je ne peux pas me taquiner sans répit : là-bas il y avait les nuits. Je dormais. J'avais le sommeil douillet. Par compensation. Je me faisais faire des rêves simples. Il y avait une prairie... Une prairie, c'est tout. Je rêvais que je me promenais dedans. Fait-il jour ?

Le Garçon. — Vous voyez bien, les lampes sont allumées.

Garcin. — Parbleu. C'est ça *votre* jour. Et dehors ?

Le Garçon, *ahuri.* — Dehors ?

Garcin. — Dehors ! de l'autre côté de ces murs?

Le Garçon. — Il y a un couloir.

Garcin. — Et au bout de ce couloir ?

Le Garçon. — Il y a d'autres chambres et d'autres couloirs et des escaliers.

Garcin. — Et puis ?

Le Garçon. — C'est tout.

Garcin. — Vous avez bien un jour de sortie. Où allez-vous ?

Le Garçon. — Chez mon oncle, qui est chef des garçons, au troisième étage.

Garcin. — J'aurais dû m'en douter. Où est l'interrupteur ?

Le Garçon. — Il n'y en a pas.

Garcin. — Alors ? On ne peut pas éteindre ?

Le Garçon. — La direction peut couper le courant. Mais je ne me rappelle pas qu'elle l'ait fait à cet étage-ci. Nous avons l'électricité à discrétion.

Garcin. — Très bien. Alors il faut vivre les yeux ouverts...

Le Garçon, *ironique.* — Vivre...

Garcin. — Vous n'allez pas me chicaner pour une question de vocabulaire. Les yeux ouverts. Pour toujours. Il fera grand jour dans mes yeux. Et dans ma tête. (*Un temps.*) Et si je balançais le bronze sur la lampe électrique, est-ce qu'elle s'éteindrait ?

4

LE GARÇON. — Il est trop lourd.

GARCIN *prend le bronze dans ses mains et essaye de le soulever.* — Vous avez raison. Il est trop lourd.

Un silence.

LE GARÇON. — Eh bien, si vous n'avez plus besoin de moi, je vais vous laisser.

GARCIN, *sursautant.* — Vous vous en allez ? Au revoir. (*Le garçon gagne la porte.*) Attendez. (*Le garçon se retourne.*) C'est une sonnette, là ? (*Le garçon fait un signe affirmatif.*) Je peux vous sonner quand je veux et vous êtes obligé de venir ?

LE GARÇON. — En principe, oui. Mais elle est capricieuse. Il y a quelque chose de coincé dans le mécanisme.

Garcin va à la sonnette et appuie sur le bouton.
Sonnerie.

GARCIN. — Elle marche !

LE GARÇON, *étonné.* — Elle marche. (*Il sonne à son tour.*) Mais ne vous emballez pas, ça ne va pas durer. Allons, à votre service.

GARCIN *fait un geste pour le retenir.* — Je...

LE GARÇON. — Hé ?

GARCIN. — Non, rien. (*Il va à la cheminée et prend le coupe-papier.*) Qu'est-ce que c'est que ça ?

LE GARÇON. — Vous voyez bien : un coupe-papier.

GARCIN. — Il y a des livres, ici ?

LE GARÇON. — Non.

GARCIN. — Alors à quoi sert-il ? (*Le garçon hausse les épaules.*) C'est bon. Allez-vous-en.

Le garçon sort.

SCÈNE | DEUXIÈME

GARCIN, seul

*Garcin seul. Il va au bronze et le flatte de la main.
Il s'assied. Il se relève. Il va à la sonnette et appuie
sur le bouton. La sonnette ne sonne pas. Il essaie
deux ou trois fois. Mais en vain. Il va alors à la
porte et tente de l'ouvrir. Elle résiste. Il appelle.*

GARCIN. — Garçon ! Garçon !

*Pas de réponse. Il fait pleuvoir une grêle de coups
de poings sur la porte en appelant le garçon. Puis il
se calme subitement et va se rasseoir. A ce moment
la porte s'ouvre et Inès entre, suivie du garçon.*

6

GARCIN, INÈS, LE GARÇON

LE GARÇON, *à Garcin.* — Vous m'avez appelé ?

Garcin va pour répondre, mais il jette un coup d'œil à Inès.

GARCIN. — Non.

LE GARÇON, *se tournant vers Inès.* — Vous êtes chez vous, madame. (*Silence d'Inès.*) Si vous avez des questions à me poser... (*Inès se tait.*)

LE GARÇON, *déçu.* — D'ordinaire les clients aiment à se renseigner... Je n'insiste pas. D'ailleurs, pour la brosse à dents, la sonnette et le bronze de Barbedienne, monsieur est au courant et il vous répondra aussi bien que moi.

Il sort. Un silence. Garcin ne regarde pas Inès. Inès regarde autour d'elle, puis elle se dirige brusquement vers Garcin.

INÈS. — Où est Florence ? (*Silence de Garcin.*) Je vous demande où est Florence ?

GARCIN. — Je n'en sais rien.

INÈS. — C'est tout ce que vous avez trouvé ? La torture par l'absence ? Eh bien, c'est manqué. Florence était une petite sotte et je ne la regrette pas.

GARCIN. — Je vous demande pardon : pour qui me prenez-vous ?

INÈS. — Vous ? Vous êtes le bourreau.

GARCIN, *sursaute et puis se met à rire.* — C'est une méprise tout à fait amusante. Le bourreau, vraiment ! Vous êtes entrée, vous m'avez regardé et vous avez pensé : c'est le bourreau. Quelle extravagance ! Le garçon est ridicule, il aurait dû nous présenter l'un à l'autre. Le bourreau ! Je suis Joseph GARCIN, publiciste et homme de lettres. La vérité, c'est que nous sommes logés à la même enseigne. Madame...

INÈS, *sèchement.* — Inès SERRANO. Mademoiselle.

GARCIN. — Très bien. Parfait. Eh bien, la glace est rompue. Ainsi vous me trouvez la mine d'un bourreau ? Et à quoi les reconnaît-on, les bourreaux, s'il vous plaît ?

INÈS. — Ils ont l'air d'avoir peur.

GARCIN. — Peur ? C'est trop drôle. Et de qui ? De leurs victimes ?

INÈS. — Allez ! Je sais ce que je dis. Je me suis regardée dans la glace.

GARCIN. — Dans la glace ? (*Il regarde autour de lui.*) C'est assommant : ils ont ôté tout ce qui pouvait ressembler à une glace. (*Un temps.*) En tout cas, je puis vous affirmer que je n'ai pas peur. Je ne prends pas la situation à la légère et je suis très conscient de sa gravité. Mais je n'ai pas peur.

INÈS, *haussant les épaules.* — Ca vous regarde. (*Un temps.*) Est-ce qu'il vous arrive de temps en temps d'aller faire un tour dehors ?

GARCIN. — La porte est verrouillée.

INÈS. — Tant pis.

GARCIN. — Je comprends très bien que ma présence vous importune. Et personnellement, je préférerais rester seul: il faut que je mette ma vie en ordre et j'ai besoin de me recueillir. Mais je suis sûr que nous pourrons nous accommoder l'un de l'autre: je ne parle pas, je ne remue guère et je fais peu de bruit. Seulement, si je peux me permettre un conseil, il faudra conserver entre nous une extrême politesse. Ce sera notre meilleure défense.

INÈS. — Je ne suis pas polie.

GARCIN. — Je le serai donc pour deux.

Un silence. Garcin est assis sur le canapé. Inès se promène de long en large.

INÈS, *le regardant.* — Votre bouche.

GARCIN, *tiré de son rêve.* — Plaît-il ?

INÈS. — Vous ne pourriez pas arrêter votre bouche ? Elle tourne comme une toupie sous votre nez.

GARCIN. — Je vous demande pardon : je ne m'en rendais pas compte.

INÈS. — C'est ce que je vous reproche. (*Tic de Garcin.*) Encore ! Vous prétendez être poli et vous laissez votre visage à l'abandon. Vous n'êtes pas seul et vous n'avez pas le droit de m'infliger le spectacle de votre peur.

Garcin se lève et va vers elle.

GARCIN. — Vous n'avez pas peur, vous ?

INÈS. — Pourquoi faire ? La peur, c'était bon *avant*, quand nous gardions de l'espoir.

GARCIN, *doucement.* — Il n'y a plus d'espoir, mais nous sommes toujours *avant*. Nous n'avons pas commencé de souffrir, mademoiselle.

INÈS. — Je sais. (*Un temps.*) Alors ? Qu'est-ce qui va venir ?

GARCIN. — Je ne sais pas. J'attends.

Un silence. Garcin va se rasseoir. Inès reprend sa marche. Garcin a un tic de la bouche, puis, après un regard à Inès, il enfouit son visage dans ses mains. Entrent Estelle et le garçon.

SCÈNE | QUATRIÈME

INÈS, GARCIN, ESTELLE, LE GARÇON

Estelle regarde Garcin, qui n'a pas levé la tête.

ESTELLE, *à Garcin.* — Non ! Non, non, ne relève pas la tête. Je sais ce que tu caches avec tes mains, je sais que tu n'as plus de visage. (*Garcin retire ses mains.*) Ha ! (*Un temps. Avec surprise:*) Je ne vous connais pas.

GARCIN. — Je ne suis pas le bourreau, madame.

ESTELLE. — Je ne vous prenais pas pour le bourreau. Je... J'ai cru que quelqu'un voulait me faire une farce. (*Au garçon.*) Qui attendez-vous encore ?

LE GARÇON. — Il ne viendra plus personne.

ESTELLE, *soulagé.* — Ah ! Alors nous allons rester tout seuls, monsieur, madame et moi ?

Elle se met à rire.

GARCIN, *sèchement.* — Il n'y a pas de quoi rire.

ESTELLE, *riant toujours.* — Mais ces canapés sont si laids. Et voyez comme on les a disposés, il me semble que c'est le premier de l'an et que je suis en visite chez ma tante Marie. Chacun a le sien, je suppose. Celui-ci est à moi ? (*Au garçon:*) Mais je ne pourrai jamais m'asseoir dessus, c'est une catastrophe : je suis en bleu clair et il est vert épinard.

INÈS. — Voulez-vous le mien ?

ESTELLE. — Le canapé bordeaux ? Vous êtes trop gentille,

mais ça ne vaudrait guère mieux. Non, qu'est-ce que vous voulez ? Chacun son lot : J'ai le vert, je le garde. (*Un temps.*) Le seul qui conviendrait à la rigeur, c'est celui de monsieur.

Un silence.

INÈS. — Vous entendez, Garcin ?

GARCIN, *sursautant.* — Le... canapé. Oh ! pardon. (*Il se lève.*) Il est à vous, madame.

ESTELLE. — Merci. (*Elle ôte son manteau et le jette sur le canapé. Un temps.*) Faisons connaissance puisque nous devons habiter ensemble. Je suis Estelle RIGAULT.

Garcin s'incline et va se nommer, mais Inès passe devant lui.

INÈS. — Inès SERRANO. Je suis très heureuse.

Garcin s'incline à nouveau.

GARCIN. — Joseph GARCIN.

LE GARÇON. —Avez-vous encore besoin de moi ?

ESTELLE. — Non, allez. Je vous sonnerai.

Le garçon s'incline et sort.

SCÈNE CINQUIÈME

INÈS, GARCIN, ESTELLE

INÈS. — Vous êtes très belle. Je voudrais avoir des fleurs pour vous souhaiter la bienvenue.

ESTELLE. — Des fleurs ? Oui. J'aimais beaucoup les fleurs. Elles se faneraient ici : il fait trop chaud. Bah ! L'essentiel, n'est-ce pas, c'est de conserver la bonne humeur. Vous êtes...

INÈS. — Oui, la semaine dernière. Et vous ?

ESTELLE. — Moi ? Hier. La cérémonie n'est pas achevée. (*Elle parle avec beaucoup de naturel, mais comme si elle voyait ce qu'elle décrit.*) Le vent dérange le voile de ma sœur. Elle fait ce qu'elle peut pour pleurer. Allons ! allons ! encore un effort. Voilà ! Deux larmes, deux petites larmes qui brillent sous le crêpe. Olga Jardet est très laide ce matin. Elle soutient ma sœur par le bras. Elle ne pleure pas à cause du rimmel et je dois dire qu'à sa place... C'était ma meilleure amie.

INÈS. — Vous avez beaucoup souffert ?

ESTELLE. — Non. J'étais plutôt abrutie.

INÈS. — Qu'est-ce que... ?

ESTELLE. — Une pneumonie. (*Même jeu que précédemment.*) Eh bien, ça y est, il s'en vont. Bonjour ! Bonjour ! Que de poignées de main. Mon mari est malade de chagrin, il est resté à la maison. (*A Inès.*) Et vous ?

INÈS. — Le gaz.

12

ESTELLE. — Et vous, monsieur ?

GARCIN. — Douze balles dans la peau. (*Geste d'Estelle.*) Excusez-moi, je ne suis pas un mort de bonne compagnie.

ESTELLE. — Oh ! cher monsieur, si seulement vous vouliez bien ne pas user de mots si crus. C'est... c'est choquant. Et finalement, qu'est-ce que ça veut dire ? Peut-être n'avons-nous jamais été si vivants. S'il faut absolument nommer cet... état de choses, je propose qu'on nous appelle des absents, ce sera plus correct. Vous êtes absent depuis longtemps ?

GARCIN. — Depuis un mois, environ.

ESTELLE. — D'où êtes-vous ?

GARCIN. — De Rio.

ESTELLE. — Moi, de Paris. Vous avez encore quelqu'un, là-bas ?

GARCIN. — Ma femme. (*Même jeu qu' Estelle.*) Elle est venue à la caserne comme tous les jours ; on ne l'a pas laissée entrer. Elle regarde entre les barreaux de la grille. Elle ne sait pas encore que je suis absent, mais elle s'en doute. Elle s'en va, à présent. Elle est toute noire. Tant mieux, elle n'aura pas besoin de se changer. Elle ne pleure pas ; elle ne pleurait jamais. Il fait un beau soleil et elle est toute noire dans la rue déserte, avec ses grands yeux de victime. Ah ! elle m'agace.

> *Un silence. Garcin va s'asseoir sur le canapé du milieu et se met la tête dans les mains.*

INÈS. — Estelle !

ESTELLE. — Monsieur, monsieur Garcin !

GARCIN. — Plaît-il ?

ESTELLE. — Vous êtes assis sur mon canapé.

GARCIN. — Pardon.

> *Il se lève.*

ESTELLE. — Vous aviez l'air si absorbé.

GARCIN. — Je mets ma vie en ordre. (*Inès se met à rire.*) Ceux qui rient feraient aussi bien de m'imiter.

INÈS. — Elle est en ordre, ma vie. Tout à fait en ordre. Elle s'est mise en ordre d'elle-même, là-bas, je n'ai pas besoin de m'en préoccuper.

13

GARCIN. — Vraiment ? Et vous croyez que c'est si simple !
(*Il se passe la main sur le front.*) Quelle chaleur ! Vous per-
mettez ?

>   *Il va ôter son veston.*

5   ESTELLE. — Ah non ! (*Plus doucement.*) Non. J'ai horreur des hommes en bras de chemise.

GARCIN, *remettant sa veste.* — C'est bon. (*Un temps.*)
Moi, je passais mes nuits dans les salles de rédaction. Il y
faisait toujours une chaleur de cloporte. (*Un temps. Même
10 jeu que précédemment.*) Il y fait une chaleur de cloporte.
C'est la nuit.

ESTELLE. — Tiens, oui, c'est déjà la nuit. Olga se désha-
bille. Comme le temps passe vite, sur terre.

INÈS. — C'est la nuit. Ils ont mis les scellés sur la porte
15 de ma chambre. Et la chambre est vide dans le noir.

GARCIN. — Ils ont posé leurs vestons sur le dos de leurs
chaises et roulé les manches de leurs chemises au-dessus de
leurs coudes. Ça sent l'homme et le cigare. (*Un silence.*)
J'aimais vivre au milieu d'hommes en bras de chemise.

20   ESTELLE, *sèchement.* — Eh bien, nous n'avons pas les mêmes
goûts. Voilà ce que ça prouve. (*Vers Inès.*) Vous aimez ça,
vous, les hommes en chemise ?

INÈS. — En chemise ou non, je n'aime pas beaucoup les
hommes.

25   ESTELLE *les regarde tous deux avec stupeur.* — Mais pourquoi, *pourquoi* nous a-t-on réunis ?

INÈS, *avec un éclat étouffé.* — Qu'est-ce que vous dites ?

ESTELLE. — Je vous regarde tous deux et je pense que nous
30 allons demeurer ensemble... Je m'attendais à retrouver des
amis, de la famille.

INÈS. — Un excellent ami avec un trou au milieu de la
figure.

ESTELLE. — Celui-là aussi. Il dansait le tango comme un
35 professionnel. Mais nous, *nous*, pourquoi nous a-t-on réunis ?

GARCIN. — Eh bien, c'est le hasard. Ils casent les gens où

14

ils peuvent, dans l'ordre de leur arrivée. (*A Inès.*) Pourquoi riez-vous ?

INÈS. — Parce que vous m'amusez avec votre hasard. Avez-vous tellement besoin de vous rassurer ? Ils ne laissent rien au hasard.

ESTELLE, *timidement.* — Mais nous nous sommes peut-être rencontrés autrefois ?

INÈS. — Jamais. Je ne vous aurais pas oubliée.

ESTELLE. — Ou alors, c'est que nous avons des relations communes ? Vous ne connaissez pas les Dubois-Seymour ?

INÈS. — Ça m'étonnerait.

ESTELLE. — Ils reçoivent le monde entier.

INÈS. — Qu'est-ce qu'ils font ?

ESTELLE, *surprise.* — Ils ne font rien. Ils ont un château en Corrèze et...

INÈS. — Moi, j'étais employée des Postes.

ESTELLE, *avec un petit recul.* — Ah! Alors en effet ?... (*Un temps.*) Et vous, monsieur Garcin ?

GARCIN. — Je n'ai jamais quitté Rio.

ESTELLE. — En ce cas vous avez parfaitement raison : c'est le hasard qui nous a réunis.

INÈS. — Le hasard. Alors ces meubles sont là par hasard. C'est par hasard si le canapé de droite est vert épinard et si le canapé de gauche est bordeaux. Un hasard, n'est-ce pas? Eh bien, essayez donc de les changer de place et vous m'en direz des nouvelles. Et le bronze, c'est un hasard aussi ? Et cette chaleur ? Et cette chaleur ? (*Un silence.*) Je vous dis qu'ils ont tout réglé. Jusque dans les moindres détails, avec amour. Cette chambre nous attendait.

ESTELLE. — Mais comment voulez-vous ? Tout est si laid, si dur, si anguleux. Je détestais les angles.

INÈS, *haussant les épaules.* — Croyez-vous je vivais dans un salon Second Empire ?

Un temps.

ESTELLE. — Alors tout est prévu ?

INÈS. — Tout. Et nous sommes assortis.

15

ESTELLE. — Ce n'est pas par hasard que *vous*, vous êtes en face de *moi* ? (*Un temps.*) Qu'est-ce qu'ils attendent ?

INÈS. — Je ne sais pas. Mais ils attendent.

ESTELLE. — Je ne peux pas supporter qu'on attende quelque chose de moi. Ça me donne tout de suite envie de faire le contraire.

INÈS. — Eh bien, faites-le ! Faites-le donc ! Vous ne savez même pas ce qu'ils veulent.

ESTELLE, *frappant du pied.* — C'est insupportable. Et quelque chose doit m'arriver par vous deux ? (*Elle les regarde.*) Par vous deux. Il y avait des visages qui me parlaient tout de suite. Et les vôtres ne me disent rien.

GARCIN, *brusquement à Inès.* — Allons, pourquoi sommes-nous ensemble ? Vous en avez trop dit : allez jusqu'au bout.

INÈS, *étonnée.* — Mais je n'en sais absolument rien.

GARCIN. — Il *faut* le savoir.

Il réfléchit un moment.

INÈS. — Si seulement chacun de nous avait le courage de dire...

GARCIN. — Quoi ?

INÈS. — Estelle !

ESTELLE. — Plaît-il ?

INÈS. — Qu'avez-vous fait ? Pourquoi vous ont-ils envoyée ici ?

ESTELLE, *vivement.* — Mais je ne sais pas, je ne sais pas du tout ! Je me demande même si ce n'est pas une erreur. (*A Inès.*) Ne souriez pas. Pensez à la quantité de gens qui... qui s'absentent chaque jour. Ils viennent ici par milliers et n'ont affaire qu'à des subalternes, qu'à des employés sans instruction. Comment voulez-vous qu'il n'y ait pas d'erreur. Mais ne souriez pas. (*A Garcin.*) Et vous, dites quelque chose. S'ils se sont trompés dans mon cas, ils ont pu se tromper dans le vôtre. (*A Inès.*) Et dans le vôtre aussi. Est-ce qu'il ne vaut pas mieux croire que nous sommes là par erreur ?

INÈS. — C'est tout ce que vous avez à nous dire ?

16

ESTELLE. — Que voulez-vous savoir de plus ? Je n'ai rien
à cacher. J'étais orpheline et pauvre, j'élevais mon frère cadet.
Un vieil ami de mon père m'a demandé ma main. Il était
riche et bon, j'ai accepté. Qu'auriez-vous fait à ma place?
Mon frère était malade et sa santé réclamait les plus grands
soins. J'ai vécu six ans avec mon mari sans un nuage. Il y a
deux ans, j'ai rencontré celui que je devais, aimer. Nous nous
sommes reconnus tout de suite, il voulait que je parte avec
lui et j'ai refusé. Après cela, j'ai eu ma pneumonie. C'est tout.
Peut-être qu'on pourrait, au nom de certains principes, me
reprocher d'avoir sacrifié ma jeunesse à un vieillard. (*A
Garcin.*) Croyez-vous que ce soit une faute ?

GARCIN. — Certainement non. (*Un temps.*) Et vous, trouvez-
vous que ce soit une faute de vivre selon ses principes ?

ESTELLE. — Qui est-ce qui pourrait vous le reprocher ?

GARCIN. — Je dirigeais un journal pacifiste. La guerre
éclate. Que faire ? Ils avaient tous les yeux fixés sur moi.
"Osera-t-il ?" Eh bien, j'ai osé. Je me suis croisé les bras
et ils m'ont fusillé. Où est la faute ? Où est la faute ?

ESTELLE *lui pose la main sur le bras.* — Il n'y a pas de
faute. Vous êtes...

INÈS *achève ironiquement.* — Un Héros. Et votre femme,
Garcin?

GARCIN. — Eh bien, quoi? Je l'ai tirée du ruisseau.

ESTELLE, *à Inès.* — Vous voyez ! vous voyez !

INÈS. — Je vois. (*Un temps.*) Pour qui jouez-vous la
comédie? Nous sommes entre nous.

ESTELLE, *avec insolence.* — Entre nous ?

INÈS. — Entre assassins. Nous sommes en enfer, ma petite,
il n'y a jamais d'erreur et on ne damne jamais les gens pour
rien.

ESTELLE. — Taisez-vous.

INÈS. — En enfer ! Damnés ! Damnés !

ESTELLE. — Taisez-vous. Voulez-vous vous taire ? Je vous
défends d'employer des mots grossiers.

INÈS. — Damnée, la petite sainte. Damné, le héros sans

reproche. Nous avons eu notre heure de plaisir, n'est-ce pas ? Il y a des gens qui ont souffert pour nous jusqu'à la mort et cela nous amusait beaucoup. A présent, il faut payer.

GARCIN, *la main levée.* — Est-ce que vous vous tairez ?

5 INÈS, *le regarde sans peur, mais avec une immense surprise.* — Ha ! (*Un temps.*) Attendez ! J'ai compris, je sais pourquoi ils nous ont mis ensemble !

GARCIN. — Prenez garde à ce que vous allez dire.

INÈS. — Vous allez voir comme c'est bête. Bête comme
10 chou ! Il n'y a pas de torture physique, n'est-ce pas ? Et cependant, nous sommes en enfer. Et personne ne doit venir. Personne. Nous resterons jusqu'au bout seuls ensemble. C'est bien ça ? En somme, il y a quelqu'un qui manque ici : c'est le bourreau.

15 GARCIN, *à mi-voix.* — Je le sais bien.

INÈS. — Eh bien, ils ont réalisé une économie de personnel. Voilà tout. Ce sont les clients qui font le service, eux-mêmes, comme dans les restaurants coopératifs.

ESTELLE. — Qu'est-ce que vous voulez dire ?
20
INÈS. — Le bourreau, c'est chacun de nous pour les deux autres.

Un temps. Ils digèrent la nouvelle.

GARCIN, *d'une voix douce.* — Je ne serai pas votre bourreau.
25 Je ne vous veux aucun mal et je n'ai rien à faire avec vous. Rien. C'est tout à fait simple. Alors voilà : chacun dans son coin ; c'est la parade. Vous ici, vous ici, moi là. Et du silence. Pas un mot : ce n'est pas difficile, n'est-ce pas ? Chacun de nous a assez à faire avec lui-même. Je crois que je pourrais
30 rester dix mille ans sans parler.

ESTELLE. — Il faut que je me taise ?

GARCIN. — Oui. Et nous... nous serons sauvés. Se taire. Regarder en soi, ne jamais lever la tête. C'est d'accord ?

INÈS. — D'accord.

35 ESTELLE, *après hésitation.* — D'accord.

GARCIN. — Alors, adieu.

18

Il va à son canapé et se met la tête dans ses mains.
Silence. Inès se met à chanter pour elle seule:

Dans la rue des Blancs-Manteaux
Ils ont élevé des tréteaux
Et mis du son dans un seau
Et c'était un échafaud
Dans la rue des Blancs-Manteaux.

Dans la rue des Blancs-Manteaux
Le bourreau s'est levé tôt
C'est qu'il avait du boulot
Faut qu'il coupe des Généraux
Des Évêques, des Amiraux
Dans la rue des Blancs-Manteaux.

Dans la rue des Blancs-Manteaux
Sont v'nues des dames comme il faut
Avec de beaux affutiaux
Mais la tête leur f'sait défaut
Elle avait roulé de son haut
La tête avec le chapeau
Dans le ruisseau des Blancs-Manteaux.

*Pendant ce temps-là, Estelle se remet de la poudre et
du rouge. Estelle se poudre et cherche une glace
autour d'elle d'un air inquiet. Elle fouille dans son
sac et puis elle se tourne vers Garcin.*

ESTELLE. — Monsieur, avez-vous un miroir ? (*Garcin ne
répond pas.*) Un miroir, une glace de poche, n'importe quoi ?
(*Garcin ne répond pas.*) Si vous me laissez toute seule,
procurez-moi au moins une glace.

Garcin demeure la tête dans ses mains, sans répondre.

INÈS, *avec empressement.* — Moi, j'ai une glace dans mon
sac. (*Elle fouille dans son sac. Avec dépit :*) Je ne l'ai plus.
Ils ont dû me l'ôter au greffe.

ESTELLE. — Comme c'est ennuyeux.

Un temps. Elle ferme les yeux et chancelle. Inès se
précipite et la soutient.

INÈS. — Qu'est-ce que vous avez ?

ESTELLE *rouvre les yeux et sourit.* — Je me sens drôle.
(*Elle se tâte.*) Ça ne vous fait pas cet effet-là, à vous : quand
je ne me vois pas, j'ai beau me tâter, je me demande si j'existe
pour de vrai.

INÈS. — Vous avez de la chance. Moi, je me sens toujours
de l'intérieur.

ESTELLE. — Ah ! oui, de l'intérieur... Tout ce qui se passe
dans les têtes est si vague, ça m'endort. (*Un temps.*) Il y a
six grandes glaces dans ma chambre à coucher. Je les vois. Je
les vois Mais elles ne me voient pas. Elles reflètent la
causeuse, le tapis, la fenêtre... comme c'est vide, une glace où
je ne suis pas. Quand je parlais, je m'arrangeais pour qu'il y
en ait une où je puisse me regarder. Je parlais, je me voyais
parler. Je me voyais comme les gens me voyaient, ça me
tenait éveillée. (*Avec désespoir.*) Mon rouge ! Je suis sûre
que je l'ai mis de travers. Je ne peux pourtant pas rester sans
glace toute l'éternité.

INÈS. — Voulez-vous que je vous serve de miroir ? Venez,
je vous invite chez moi. Asseyez-vous sur mon canapé.

ESTELLE *indique Garcin.* — Mais...

INÈS. — Ne nous occupons pas de lui.

ESTELLE. — Nous allons nous faire du mal : c'est vous qui
l'avez dit.

INÈS. — Est-ce que j'ai l'air de vouloir vous nuire ?

ESTELLE. — On ne sait jamais...

INÈS. — C'est toi qui me feras du mal. Mais qu'est-ce que
ça peut faire ? Puisqu'il faut souffrir, autant que ce soit
par toi. Assieds-toi. Approche-toi. Encore. Regarde dans
mes yeux : est-ce que tu t'y vois ?

ESTELLE. — Je suis toute petite. Je me vois très mal.

INÈS. — Je te vois, moi. Tout entière. Pose-moi des questions. Aucun miroir ne sera plus fidèle.

Estelle, gênée, se tourne vers Garcin comme pour l'appeler à l'aide.

ESTELLE. — Monsieur ! Monsieur ! Nous ne vous ennuyons pas par notre bavardage ?

Garcin ne répond pas.

INÈS. — Laisse-le ; il ne compte plus ; nous sommes seules. Interroge-moi.

ESTELLE. — Est-ce que j'ai bien mis mon rouge à lèvres ?

INÈS. — Fais voir. Pas trop bien.

ESTELLE. — Je m'en doutais. Heureusement que (*elle jette un coupe d'oeil à Garcin*) personne ne m'a vue. Je recommence.

INÈS. — C'est mieux. Non. ·Suis le dessin des lèvres ; je vais te guider. Là, là. C'est bien.

ESTELLE. — Aussi bien que tout à l'heure, quand je suis entrée ?

INÈS. — C'est mieux ; plus lourd, plus cruel. Ta bouche d'enfer.

ESTELLE. — Hum ! Et c'est bien ? Que c'est agaçant, je ne peux plus juger par moi-même. Vous me jurez que c'est bien ?

INÈS. — Tu ne veux pas qu'on se tutoie ?

ESTELLE. — Tu me jures que c'est bien ?

INÈS. — Tu es belle.

ESTELLE. — Mais avez-vous du goût ? Avez-vous *mon* goût ? Que c'est agaçant, que c'est agaçant.

INÈS. — J'ai ton goût, puisque tu me plais. Regarde-moi bien. Souris-moi. Je ne suis pas laide non plus. Est-ce que je ne vaux pas mieux qu'un miroir ?

ESTELLE. — Je ne sais pas. Vous m'intimidez. Mon image dans les glaces était apprivoisée. Je la connaissais si bien... Je vais sourire : mon sourire ira au fond de vos prunelles et Dieu sait ce qu'il va devenir.

INÈS. — Et qui t'empêche de m'apprivoiser ? (*Elles se regardent. Estelle sourit, un peu fascinée.*) Tu ne veux décidément pas me tutoyer ?

ESTELLE. — J'ai de la peine à tutoyer les femmes.

INÈS. — Et particulièrement les employées des Postes, je suppose ? Qu'est-ce que tu as là, au bas de la joue ? Une plaque rouge ?

ESTELLE, *sursautant.* — Une plaque rouge, quelle horreur ! Où ça ?

INÈS. — Là! là! Je suis le miroir aux alouettes; ma petite alouette, je te tiens ! Il n'y a pas de rougeur. Pas la moindre. Hein ? Si le miroir se mettait à mentir ? Ou si je fermais les yeux, si je refusais de te regarder, que ferais-tu de toute cette beauté ? N'aie pas peur : il faut que je te regarde, mes yeux resteront grands ouverts. Et je serai gentille, tout à fait gentille. Mais tu me diras : tu.

Un temps.

ESTELLE. — Je te plais ?

INÈS. — Beaucoup !

Un temps.

ESTELLE, *désignant Garcin d'un coupe de tête.*—Je voudrais qu'il me regarde aussi.

INÈS. — Ha ! Parce que c'est un homme. (*A Garcin.*) Vous avez gagné. (*Garcin ne répond pas.*) Mais regardez-la donc ! (*Garcin ne répond pas.*) Ne jouez pas cette comédie; vous n'avez pas perdu un mot de ce que nous disions.

GARCIN, *levant brusquement la tête.* — Vous pouvez le dire, pas un mot : j'avais beau m'enfoncer les doigts dans les oreilles, vous me bavardiez dans la tête. Allez-vous me laisser, à présent ? Je n'ai pas affaire à vous.

INÈS. — Et à la petite, avez-vous affaire ? J'ai vu votre manège : c'est pour l'intéresser que vous avez pris vos grands airs.

GARCIN. — Je vous dis de me laisser. Il y a quelqu'un qui parle de moi au journal et je voudrais écouter. Je me moque de la petite, si cela peut vous tranquilliser.

ESTELLE. — Merci.

GARCIN. — Je ne voulais pas être grossier...

ESTELLE. — Mufle !

Un temps. Ils sont debout, les uns en face des autres.

GARCIN. — Et voilà ! (*Un temps.*) Je vous avais suppliées de vous taire.

ESTELLE. — C'est elle qui a commencé. Elle est venue m'offrir son miroir et je ne lui demandais rien.

INÈS. — Rien. Seulement tu te frottais contre lui et tu faisais des mines pour qu'il te regarde.

ESTELLE. — Et après ?

GARCIN. — Êtes-vous folles ? Vous ne voyez donc pas où nous allons. Mais taisez-vous ! (*Un temps.*) Nous allons nous rasseoir bien tranquillement, nous fermerons les yeux et chacun tâchera d'oublier la présence des autres.

Un temps, il se rassied. Elles vont à leur place d'un pas hésitant. Inès se retourne brusquement.

INÈS. — Ah ! oublier. Quel enfantillage ! Je vous sens jusque dans mes os. Votre silence me crie dans les oreilles. Vous pouvez vous clouer la bouche, vous pouvez vous couper la langue, est-ce que vous vous empêcherez d'exister ? Arrêterez-vous votre pensée ? Je l'entends, elle fait tic tac, comme un réveil, et je sais que vous entendez la mienne. Vous avez beau vous rencoigner sur votre canapé, vous êtes partout, les sons m'arrivent souillés parce que vous les avez entendus au passage. Vous m'avez volé jusqu'à mon visage : vous le connaissez et je ne le connais pas. Et elle ? elle ? vous me l'avez volée : si nous étions seules, croyez-vous qu'elle oserait me traiter comme elle me traite ? Non, non : ôtez ces mains de votre figure, je ne vous laisserai pas, ce serait trop commode. Vous resteriez là, insensible, plongé en vous-même comme un bouddha, j'aurais les yeux clos, je sentirais qu'elle vous dédie tous les bruits de sa vie, même les froissements de sa robe et qu'elle vous envoie des sourires que vous ne voyez pas... Pas de ça ! Je veux choisir mon enfer ; je veux vous regarder de tous mes yeux et lutter à visage découvert.

GARCIN. — C'est bon. Je suppose qu'il fallait en arriver là ; ils nous ont manœuvrés comme des enfants. S'ils m'avaient logé avec des hommes... les hommes savent se taire. Mais il ne faut pas trop demander. (*Il va vers Estelle et lui passe la*

23

main sous le menton.) Alors, petite, je te plais ? Il paraît que tu me faisais de l'œil ?

ESTELLE. — Ne me touchez pas.

GARCIN. — Bah! Mettons-nous à l'aise. J'aimais beaucoup les femmes, sais-tu ? Et elles m'aimaient beaucoup. Mets-toi donc à l'aise, nous n'avons plus rien à perdre. De la politesse, pourquoi ? Des cérémonies, pourquoi ? Entre nous ! Tout à l'heure nous serons nus comme des vers.

ESTELLE. — Laissez-moi !

GARCIN. — Comme des vers ! Ah ! je vous avais prévenues. Je ne vous demandais rien, rien que la paix et un peu de silence. J'avais mis les doigts dans mes oreilles. Gomez parlait, debout entre les tables, tous les copains du journal écoutaient. En bras de chemise. Je voulais comprendre ce qu'ils disaient, c'était difficile : les événements de la terre passent si vite. Est-ce que vous ne pouviez pas vous taire ? A présent, c'est fini, il ne parle plus, ce qu'il pense de moi est rentré dans sa tête. Eh bien, il faudra que nous allions jusqu'au bout. Nus comme des vers : je veux savoir à qui j'ai affaire.

INÈS. — Vous le savez. A présent vous le savez.

GARCIN. — Tant que chacun de nous n'aura pas avoué pourquoi ils l'ont condamné, nous ne saurons rien. Toi, la blonde, commence. Pourquoi ? Dis-nous pourquoi : ta franchise peut éviter des catastrophes ; quand nous connaîtrons nos monstres... Allons, pourquoi ?

ESTELLE. — Je vous dis que j'ignore. Ils n'ont pas voulu me l'apprendre.

GARCIN. — Je sais. A moi non plus, ils n'ont pas voulu répondre. Mais je me connais. Tu as peur de parler la première ? Très bien. Je vais commencer. (*Un silence.*) Je ne suis pas très joli.

INÈS. — Ça va. On sait que vous avez déserté.

GARCIN. — Laissez ça. Ne parlez jamais de ça. Je suis ici parce que j'ai torturé ma femme. C'est tout. Pendant cinq ans. Bien entendu, elle souffre encore. La voilà ; dès que je parle d'elle, je la vois. C'est Gomez qui m'intéresse et c'est elle que je vois. Où est Gomez ? Pendant cinq ans. Dites donc, ils lui ont rendu mes effets ; elle est assise près de la fenêtre et elle a pris mon veston sur ses genoux. Le veston aux douze trous. Le sang, on dirait de la rouille. Les bords des trous sont roussis. Ha ! C'est une pièce de musée, un veston historique. Et j'ai porté ça ! Pleureras-tu ? Finiras-tu par pleurer ? Je rentrais saoul comme un cochon, je sentais le vin et la femme. Elle m'avait attendu toute la nuit ; elle ne pleurait pas. Pas un mot de reproche, naturellement. Ses yeux, seulement. Ses grands yeux. Je ne regrette rien. Je paierai, mais je ne regrette rien. Il neige dehors. Mais pleureras-tu ? C'est une femme qui a la vocation du martyre.

INÈS, *presque doucement.* — Pourquoi l'avez-vous fait souffrir ?

GARCIN. — Parce que c'était facile. Il suffisait d'un mot pour la faire changer de couleur; c'était une sensitive. Ha! Pas un reproche! Je suis très taquin. J'attendais, j'attendais toujours. Mais non, pas un pleur, pas un reproche. Je l'avais tirée du ruisseau, comprenez-vous ? Elle passe la main sur le veston, sans le regarder. Ses doigts cherchent les trous à l'aveuglette. Qu'attends-tu ? Qu'espères-tu ? Je te dis que je ne regrette rien. Enfin voilà: elle m'admirait trop. Comprenez-vous ça ?

INÈS. — Non. On ne m'admirait pas.

GARCIN. — Tant mieux. Tant mieux pour vous. Tout cela doit vous paraître abstrait. Eh bien, voici une anecdote: j'avais installé chez moi une mulâtresse. Quelles nuits ! Ma femme couchait au premier, elle devait nous entendre. Elle se levait la première et, comme nous faisions la grasse matinée, elle nous apportait le petit déjeuner au lit.

INÈS. — Goujat !

GARCIN. — Mais oui, mais oui, le goujat bien-aimé. (*Il paraît distrait.*) Non, rien. C'est Gomez, mais il ne parle pas de moi. Un goujat, disiez-vous? Dame: sinon, qu'est-ce que je ferais ici ? Et vous ?

INÈS. — Eh bien, j'étais ce qu'ils appellent, là-bas, une femme damnée. *Déjà* damnée, n'est-ce pas. Alors, il n'y a pas eu de grosse surprise.

GARCIN. — C'est tout ?

INÈS. — Non, il y a aussi cette affaire avec Florence. Mais c'est une histoire de morts. Trois morts. Lui d'abord, ensuite elle et moi. Il ne reste plus personne là-bas, je suis tranquille; la chambre, simplement. Je vois la chambre, de temps en temps. Vide, avec des volets clos. Ah ! ah ! Ils ont fini par ôter les scellés. A louer... Elle est à louer. Il y a un écriteau sur la porte. C'est... dérisoire.

GARCIN — Trois. Vous avez bien dit trois ?

INÈS. — Trois.

GARCIN. — Un homme et deux femmes ?

INÈS. — Oui.

GARCIN. — Tiens. (*Un silence.*) Il s'est tué ?

INÈS. — Lui ? Il en était bien incapable. Pourtant ce n'est pas faute d'avoir souffert. Non: c'est un tramway qui l'a écrasé. De la rigolade ! J'habitais chez eux, c'était mon cousin.

GARCIN. — Florence était blonde?

INÈS. — Blonde ? (*Regard à Estelle.*) Vous savez, je ne regrette rien, mais ça ne m'amuse pas tant de vous raconter cette histoire.

GARCIN. — Allez ! allez ! Vous avez été dégoûtée de lui ?

INÈS. — Petit à petit. Un mot, de-ci, de-là. Par exemple, il faisait du bruit en buvant; il soufflait par le nez dans son verre. Des riens. Oh ! c'était un pauvre type, vulnérable. Pourquoi souriez-vous ?

GARCIN. — Parce que moi, je ne suis pas vulnérable.

INÈS. — C'est à voir. Je me suis glissée en elle, elle l'a vu par mes yeux... Pour finir, elle m'est restée sur les bras. Nous avons pris une chambre à l'autre bout de la ville.

GARCIN. — Alors ?

INÈS. — Alors il y a eu ce tramway. Je lui disais tous les jours : Eh bien, ma petite ! Nous l'avons tué. (*Un silence.*) Je suis méchante.

GARCIN. — Oui. Moi aussi.

INÈS. — Non, vous, vous n'êtes pas méchant. C'est autre chose.

GARCIN. — Quoi ?

INÈS. — Je vous le dirai plus tard. Moi, je suis méchante : ça veut dire que j'ai besoin de la souffrance des autres pour exister. Une torche. Une torche dans les cœurs. Quand je suis toute seule, je m'éteins. Six mois durant, j'ai flambé dans son cœur ; j'ai tout brûlé. Elle s'est levée une nuit ; elle a été ouvrir le robinet du gaz sans que je m'en doute, et puis elle s'est recouchée près de moi. Voilà.

GARCIN. — Hum !

INÈS. — Quoi ?

GARCIN. — Rien. Ça n'est pas propre.

INÈS. — Eh bien, non, ça n'est pas propre. Après ?

GARCIN. — Oh ! vous avez raison. (*A Estelle.*) A toi. Qu'est-ce que tu as fait ?

ESTELLE. — Je vous ai dit que je n'en savais rien. J'ai beau m'interroger...

GARCIN — Bon. Eh bien, on va t'aider. Ce type au visage fracassé, qui est-ce ?

ESTELLE. — Quel type ?

INÈS. — Tu le sais fort bien. Celui dont tu avais peur, quand tu es entrée.

ESTELLE. — C'est un ami.

GARCIN. — Pourquoi avais-tu peur de lui ?

ESTELLE. — Vous n'avez pas le droit de m'interroger.

INÈS. — Il s'est tué à cause de toi ?

ESTELLE. — Mais non, vous êtes folle.

GARCIN. — Alors, pourquoi te faisait-il peur ? Il s'est lâché un coup de fusil dans la figure, hein ? C'est ça qui lui a emporté la tête ?

ESTELLE. — Taisez-vous ! taisez-vous !

GARCIN. — A cause de toi ! A cause de toi !

INÈS. — Un coup de fusil à cause de toi !

ESTELLE. — Laissez-moi tranquille. Vous me faites peur.

Je veux m'en aller ! Je veux m'en aller !

Elle se précipite vers la porte et la secoue.

GARCIN. — Va-t'en. Moi, je ne demande pas mieux. Seulement la porte est fermée de l'extérieur.

Estelle sonne; le timbre ne retentit pas. Inès et Garcin rient. Estelle se retourne sur eux, adossée à la porte.

ESTELLE, *la voix rauque et lente.* — Vous êtes ignobles.

INÈS. — Parfaitement, ignobles. Alors ? Donc le type s'est tué à cause de toi. C'était ton amant ?

GARCIN. — Bien entendu, c'était son amant. Et il a voulu l'avoir pour lui tout seul. Ça n'est pas vrai ?

INÈS. — Il dansait le tango comme un professionel, mais il était pauvre, j'imagine.

Un silence.

GARCIN. — On te demande s'il était pauvre.

ESTELLE. — Oui, il était pauvre.

GARCIN. — Et puis, tu avais ta réputation à garder. Un jour il est venu, il t'a suppliée et tu as rigolé.

INÈS. — Hein ? Hein ? Tu as rigolé ? C'est pour cela qu'il s'est tué ?

ESTELLE.—C'est avec ces yeux-là que tu regardais Florence?

INÈS. — Oui.

Un temps. Estelle se met à rire.

ESTELLE. — Vous n'y êtes pas du tout. (*Elle se redresse et les regarde, toujours adossée à la porte. D'un ton sec et provocant:*) Il voulait me faire un enfant. Là, êtes-vous contents ?

GARCIN. — Et toi, tu ne voulais pas.

ESTELLE. — Non. L'enfant est venu tout de même. Je suis allée passer cinq mois en Suisse. Personne n'a rien su. C'était une fille. Roger était près de moi quand elle est née. Ça l'amusait d'avoir une fille. Pas moi.

GARCIN. — Après ?

ESTELLE. — Il y avait un balcon, au-dessus d'un lac. J'ai apporté une grosse pierre. Il criait: "Estelle, je t'en prie, je t'en supplie." Je le détestais. Il a tout vu. Il s'est penché sur le balcon et il a vu des ronds sur le lac.

GARCIN. — Après ?

ESTELLE. — C'est tout. Je suis revenue à Paris. Lui, il a fait ce qu'il a voulu.

GARCIN. — Il s'est fait sauter la tête ?

ESTELLE. — Bien oui. Ça n'en valait pas la peine ; mon mari ne s'est jamais douté de rien. (*Un temps.*) Je vous hais.

Elle a une crise de sanglots secs.

GARCIN. — Inutile. Ici les larmes ne coulent pas.

ESTELLE. — Je suis lâche ! Je suis lâche ! (*Un temps.*) Si vous saviez comme je vous hais !

INÈS, *la prenant dans ses bras.* — Mon pauvre petit ! (*A Garcin :*) L'enquête est finie. Pas la peine de garder cette gueule de bourreau.

GARCIN. — De bourreau... (*Il regarde autour de lui.*) Je donnerais n'importe quoi pour me voir dans une glace. (*Un temps.*) Qu'il fait chaud ! (*Il ôte machinalement son veston.*) Oh ! pardon.

Il va pour le remettre.

ESTELLE. — Vous pouvez rester en bras de chemise. A présent...

GARCIN. — Oui. (*Il jette son veston sur le canapé.*) Il ne faut pas m'en vouloir, Estelle.

ESTELLE. — Je ne vous en veux pas.

INÈS. — Et à moi ? Tu m'en veux, à moi ?

ESTELLE. — Oui.

Un silence.

INÈS. — Eh bien, Garcin ? Nous voici nus comme des vers ; y voyez-vous plus clair ?

GARCIN. — Je ne sais pas. Peut-être un peu plus clair. (*Timidement.*) Est-ce que nous ne pourrions pas essayer de nous aider les uns les autres ?

INÈS. — Je n'ai pas besoin d'aide.

GARCIN. — Inès, ils ont embrouillé tous les fils. Si vous faites le moindre geste, si vous levez la main pour vous éventer, Estelle et moi nous sentons la secousse. Aucun de nous ne peut se sauver seul; il faut que nous nous perdions ensemble ou que nous nous tirions d'affaire ensemble. Choisissez. (*Un temps.*) Qu'est-ce qu'il y a ?

INÈS. — Ils l'ont louée. Les fenêtres sont grandes ouvertes, un homme est assis sur mon lit. Ils l'ont louée ! ils l'ont louée ! Entrez, entrez, ne vous gênez pas. C'est une femme. Elle va vers lui et lui met les mains sur les épaules... Qu'est-ce qu'ils attendent pour allumer, on n'y voit plus; est-ce qu'ils vont s'embrasser ? Cette chambre est à moi! Elle est à moi! Et pourquoi n'allument-ils pas ? Je ne peux plus les voir. Qu'est-ce qu'ils chuchotent ? Est-ce qu'il va la caresser sur *mon* lit ? Elle lui dit qu'il est midi et qu'il fait grand soleil. Alors, c'est que je deviens aveugle. (*Un temps.*) Fini. Plus rien: je ne vois plus, je n'entends plus. Eh bien, je suppose que j'en ai fini avec la terre. Plus d'alibi. (*Elle frissonne.*) Je me sens vide. A présent, je suis tout à fait morte. Tout entière ici. (*Un temps.*) Vous disiez ? Vous parliez de m'aider, je crois ?

GARCIN. — Oui.

INÈS. — A quoi ?

GARCIN. — A déjouer leurs ruses.

INÈS. — Et moi, en échange ?

GARCIN. — Vous m'aiderez. Il faudrait peu de chose, Inès: tout juste un peu de bonne volonté.

INÈS. — De la bonne volonté... Où voulez-vous que j'en prenne ? Je suis pourrie.

GARCIN. — Et moi ? (*Un temps.*) Tout de même, si nous essayions ?

INÈS. — Je suis sèche. Je ne peux ni recevoir ni donner; comment voulez-vous que je vous aide ? Une branche morte, le feu va s'y mettre. (*Un temps; elle regarde Estelle qui a la tête dans ses mains.*) Florence était blonde.

GARCIN. — Est-ce que vous savez que cette petite sera votre bourreau ?

INÈS. — Peut-être bien que je m'en doute.

GARCIN. — C'est par elle qu'ils vous auront. En ce qui me concerne, je... je... je ne lui prête aucune attention. Si de votre côté..

INÈS — Quoi ?

GARCIN. — C'est un piège. Ils vous guettent pour savoir si vous vous y laisserez prendre.

INÈS. — Je sais. Et *vous*, vous êtes un piège. Croyez-vous qu'ils n'ont pas prévu vos paroles ? Et qu'il ne s'y cache pas des trappes que nous ne pouvons pas voir ? Tout est piège. Mais qu'est-ce que cela me fait ? Moi aussi, je suis un piège. Un piège pour elle. C'est peut-être moi qui l'attraperai.

GARCIN. — Vous n'attraperez rien du tout. Nous nous courrons après comme des chevaux de bois, sans jamais nous rejoindre: vous pouvez croire qu'ils ont tout arrangé. Laissez tomber, Inès. Ouvrez les mains, lâchez prise. Sinon vous ferez notre malheur à tous trois.

INÈS. — Est-ce que j'ai une tête à lâcher prise ? Je sais ce qui m'attend. Je vais brûler, je brûle et je sais qu'il n'y aura pas de fin; je sais tout: croyez-vous que je lâcherai prise ? Je l'aurai, elle vous verra par mes yeux, comme Florence voyait l'autre. Qu'est-ce que vous venez me parler de votre malheur : je vous dis que je sais tout et je ne peux même pas avoir pitié de moi. Un piège, ha ! un piège. Naturellement je suis prise au piège. Et puis après ? Tant mieux, s'ils sont contents.

GARCIN, *la prenant par l'épaule.* — Moi, je peux avoir pitié de vous. Regardez-moi: nous sommes nus. Nus jusqu'aux os et je vous connais jusqu'au coeur. C'est un lien: croyez-vous que je voudrais vous faire du mal ? Je ne regrette rien, je ne me plains pas; moi aussi, je suis sec. Mais de vous, je peux avoir pitié.

INÈS, *qui s'est laissé faire pendant qu'il parlait, se secoue.* — Ne me touchez pas. Je déteste qu'on me touche. Et gardez votre pitié. Allons ! Garcin, il y a aussi beaucoup de pièges pour vous, dans cette chambre. Pour vous. Préparés pour vous. Vous feriez mieux de vous occuper de vos affaires. (*Un temps.*)

31

Si vous nous laissez tout à fait tranquilles, la petite et moi, je ferai en sorte de ne pas vous nuire.

GARCIN *la regarde un moment, puis hausse les épaules.* — C'est bon.

ESTELLE, *relevant la tête.* — Au secours, Garcin.

GARCIN. — Que me voulez-vous ?

ESTELLE, *se levant et s'approchant de lui.* — Moi, vous pouvez m'aider.

GARCIN. — Adressez-vous à elle.

Inès s'est rapprochée, elle se place tout contre Estelle, par derrière, sans la toucher. Pendant les répliques suivantes, elle lui parlera presque à l'oreille. Mais Estelle, tournée vers Garcin, qui la regarde sans parler, répond uniquement à celui-ci comme ci c'était lui qui l'interrogeait.

ESTELLE. — Je vous en prie, vous avez promis, Garcin, vous avez promis ! Vite, vite, je ne veux pas rester seule. Olga l'a emmené au dancing.

INÈS. — Qui a-t-elle emmené ?

ESTELLE. — Pierre. Ils dansent ensemble.

INÈS. — Qui est Pierre ?

ESTELLE. — Un petit niais. Il m'appelait son eau vive. Il m'aimait. Elle l'a emmené au dancing.

INÈS. — Tu l'aimes ?

ESTELLE. — Ils se rasseyent. Elle est à bout de souffle. Pourquoi danse-t-elle ? A moins que ce ne soit pour se faire maigrir. Bien sûr que non. Bien sûr que je ne l'aimais pas : il a dix-huit ans et je ne suis pas une ogresse, moi.

INÈS. — Alors laisse-les. Qu'est-ce que cela peut te faire ?

ESTELLE. — Il était à moi.

INÈS. — Rien n'est plus à toi sur la terre.

ESTELLE. — Il était à moi.

INÈS. — Oui, il *était*... Essaye de le prendre, essaye de le toucher. Olga peut le toucher, elle. N'est-ce pas ? N'est-ce pas ? Elle peut lui tenir les mains, lui frôler les genoux.

ESTELLE. — Elle pousse contre lui son énorme poitrine,

elle lui souffle dans la figure. Petit Poucet, pauvre Petit Poucet, qu'attends-tu pour lui éclater de rire au nez ? Ah ! il m'aurait suffi d'un regard, elle n'aurait jamais osé... Est-ce que je ne suis vraiment plus rien ?

INÈS. — Plus rien. Et il n'y a plus rien de toi sur la terre: tout ce qui t'appartient est ici. Veux-tu le coupe-papier ? Le bronze de Barbedienne ? Le canapé bleu est à toi. Et moi, mon petit, mois je suis à toi pour toujours.

ESTELLE. — Ha ? A moi ? Eh bien, lequel de vous deux oserait m'appeler son eau vive ? On ne vous trompe pas, vous autres, vous savez que je suis une ordure. Pense à moi, Pierre, ne pense qu'à moi, défends-moi; tant que tu penses: mon eau vive, ma chère eau vive, je ne suis ici qu'à moitié, je ne suis qu'à moitié coupable, je suis eau vive là-bas, près de toi. Elle est rouge comme une tomate. Voyons, c'est impossible: nous avons cent fois ri d'elle ensemble. Qu'est-ce que c'est que cet air-là ? je l'aimais tant. Ah ! c'est *Saint-Louis Blues*... Eh bien, dansez, dansez. Garcin, vous vous amuseriez si vous pouviez la voir. Elle ne saura donc jamais que je la *vois*. Je te vois, je te vois, avec ta coiffure défaite, ton visage chaviré, je vois que tu lui marches sur les pieds. C'est à mourir de rire. Allons ! Plus vite ! Plus vite ! Il la tire, il la pousse. C'est indécent. Plus vite ! Il me disait: Vous êtes si légère. Allons, allons ! (*Elle danse en parlant.*) Je te dis que je te vois. Elle s'en moque, elle danse à travers mon regard. Notre chère Estelle ! Quoi, notre chère Estelle ? Ah ! tais-toi. Tu n'as même pas versé une larme aux obsèques. Elle lui a dit "notre chère Estelle." Elle a le toupet de lui parler de moi. Allons ! en mesure. Ce n'est pas elle qui pourrait parler et danser à la fois. Mais qu'est-ce que... Non ! non ! ne lui dis pas ! je te l'abandonne, emporte-le, garde-le, fais-en ce que tu voudras, mais ne lui dis pas... (*Elle s'est arrêtée de danser.*) Bon. Eh bien, tu peux le garder à présent. Elle lui a tout dit, Garcin: Roger, le voyage en Suisse, l'enfant, elle lui a tout raconté. "Notre chère Estelle n'était pas..." Non, non, en effet, je n'étais pas... Il branle la tête d'un air

triste, mais on ne peut pas dire que la nouvelle l'ait boule-
versé. Garde-le à présent. Ce ne sont pas ses longs cils ni
ses airs de fille que je te disputerai. Ha! il m'appelait son
eau vive, son cristal. Eh bien, le cristal est en miettes. "Notre
chère Estelle." Dansez! dansez, voyons! En mesure. Une,
deux. (*Elle danse.*) Je donnerais tout au monde pour revenir
sur terre un instant, un seul instant, et pour danser. (*Elle
danse; un temps.*) Je n'entends plus très bien. Ils ont éteint
les lampes comme pour un tango; pourquoi jouent-ils en
sourdine? Plus fort! Que c'est loin! Je... Je n'entends plus
du tout. (*Elle cesse de dancer.*) Jamais plus. La terre m'a
quittée. Garcin, regarde-moi, prends-moi dans tes bras.

> *Inès fait signe à Garcin de s'écarter, derrière le dos
> d'Estelle.*

INÈS, *impérieusement.* — Garcin!

GARCIN *recule d'un pas et désigne Inès à Estelle.* — Adressez-vous à elle.

ESTELLE *l'agrippe.* — Ne vous en allez pas! Est-ce que
vous êtes un homme? Mais regardez-moi donc, ne détournez
pas les yeux: est-ce donc si pénible? J'ai des cheveux d'or,
et, après tout, quelqu'un s'est tué pour moi. Je vous supplie,
il faut bien que vous regardiez quelque chose. Si ce n'est pas
moi, ce sera le bronze, la table ou les canapés. Je suis tout
de même plus agréable à voir. Écoute: je suis tombée de leurs
cœurs comme un petit oiseau tombe du nid. Ramasse-moi,
prends-moi, dans ton cœur, tu verras comme je serai gentille.

GARCIN, *la repoussant avec effort.* — Je vous dis de vous
adresser à elle.

ESTELLE. — A elle? Mais elle ne compte pas: c'est une
femme.

INÈS. — Je ne compte pas? Mais, petit oiseau, petite
alouette, il y a beau temps que tu es à l'abri dans mon cœur.
N'aie pas peur, je te regarderai sans répit, sans un battement
de paupières. Tu vivras dans mon regard comme une paillette
dans un rayon de soleil.

ESTELLE. — Un rayon de soleil? Ha! fichez-moi donc la

34

paix. Vous m'avez fait le coup tout à l'heure et vous avez bien vu qu'il a raté.

INÈS. — Estelle ! Mon eau vive, mon cristal.

ESTELLE. — *Votre* cristal ? C'est bouffon. Qui pensez-vous tromper ? Allons, tout le monde sait que j'ai flanqué l'enfant par la fenêtre. Le cristal est en miettes sur la terre et je m'en moque. Je ne suis plus qu'une peau — et ma peau n'est pas pour vous.

INÈS. — Viens ! Tu seras ce que tu voudras: eau vive, eau sale, tu te retrouveras au fond de mes yeux telle que tu te désires.

ESTELLE. — Lâchez-moi ! Vous n'avez pas d'yeux ! Mais qu'est-ce qu'il faut que je fasse pour que tu me lâches ? Tiens !

Elle lui crache à la figure. Inès la lâche brusquement.

INÈS. — Garcin ! Vous me le paierez !

Un temps, Garcin hausse les épaules et va vers Estelle.

GARCIN. — Alors ? Tu veux un homme ?

ESTELLE. — Un homme, non. Toi.

GARCIN. — Pas d'histoire. N'importe qui ferait l'affaire. Je me suis trouvé là, c'est moi. Bon. (*Il la prend aux épaules.*) Je n'ai rien pour te plaire, tu sais: je ne suis pas un petit niais et je ne danse pas le tango.

ESTELLE. — Je te prendrai comme tu es. Je te changerai peut-être.

GARCIN. — J'en doute. Je serai... distrait. J'ai d'autres affaires en tête.

ESTELLE. — Quelles affaires ?

GARCIN. — Ça ne t'intéresserait pas.

ESTELLE. — Je m'assiérai sur ton canapé. J'attendrai que tu t'occupes de moi.

INÈS, *éclatant de rire.* — Ha ! chienne ! A plat ventre ! A plat ventre ! Et il n'est même pas beau !

ESTELLE, *à Garcin.* — Ne l'écoute pas. Elle n'a pas d'yeux, elle n'a pas d'oreilles. Elle ne compte pas.

GARCIN. — Je te donnerai ce que je pourrai. Ce n'est pas beaucoup. Je ne t'aimerai pas: je te connais trop.

35

ESTELLE. — Est-ce que tu me désires ?

GARCIN. — Oui.

ESTELLE. — C'est tout ce que je veux.

GARCIN. — Alors...

Il se penche sur elle.

INÈS. — Estelle ! Garcin ! Vous perdez le sens ! Mais je suis là, moi !

GARCIN. — Je vois bien, et après ?

INÈS. — Devant moi ? Vous ne... vous ne pouvez pas !

ESTELLE. — Pourquoi ? Je me déshabillais bien devant ma femme de chambre.

INÈS, *s'agrippant à Garcin*. — Laissez-la ! Laissez-la ! ne la touchez pas de vos sales mains d'homme !

GARCIN, *la repoussant violemment*. — Ça va: je ne suis pas un gentilhomme, je n'aurai pas peur de cogner sur une femme.

INÈS. — Vous m'aviez promis, Garcin, vous m'aviez promis ! Je vous en supplie, vous m'aviez promis !

GARCIN. — C'est vous qui avez rompu le pacte.

Inès se dégage et recule au fond de la pièce.

INÈS. — Faites ce que vous voudrez, vous êtes les plus forts. Mais rappelez-vous, je suis là et je vous regarde. Je ne vous quitterai pas des yeux, Garcin; il faudra que vous l'embrassiez sous mon regard. Comme je vous hais tous les deux ! Aimez-vous, aimez-vous ! Nous sommes en enfer et j'aurai mon tour.

Pendant la scène suivante, elle les regardera sans mot dire.

GARCIN *revient vers Estelle et la prend aux épaules*. — Donne-moi ta bouche.

Un temps. Il se penche sur elle et brusquement se redresse.

ESTELLE, *avec un geste de dépit*. — Ha !... (*Un temps.*) Je t'ai dit de ne pas faire attention à elle.

GARCIN. — Il s'agit bien d'elle. (*Un temps.*) Gomez est au journal. Ils ont fermé les fenêtres; c'est donc l'hiver.

Six mois. Il y a six mois qu'ils m'ont... Je t'ai prévenue qu'il m'arriverait d'être distrait ? Ils grelottent; ils ont gardé leurs vestons... C'est drôle qu'ils aient si froid, là-bas: et moi j'ai si chaud. Cette fois-ci, c'est de moi qu'il parle.

ESTELLE. — Ça va durer longtemps ? (*Un temps.*) Dis-moi au moins ce qu'il raconte.

GARCIN. — Rien. Il ne raconte rien. C'est un salaud, voilà tout. (*Il prête l'oreille.*) Un beau salaud. Bah ! (*Il se rapproche d'Estelle.*) Revenons à nous ! M'aimeras-tu ?

ESTELLE, *souriant.* — Qui sait ?

GARCIN. — Auras-tu confiance en moi ?

ESTELLE. — Quelle drôle de question: tu seras constamment sous mes yeux et ce n'est pas avec Inès que tu me tromperas.

GARCIN. — Évidemment. (*Un temps. Il lâche les épaules d'Estelle.*) Je parlais d'une autre confiance. (*Il écoute.*) Va ! va ! dis ce que tu veux: je ne suis pas là pour me défendre. (*A Estelle.*) Estelle, il *faut* me donner ta confiance.

ESTELLE. — Que d'embarras ! Mais tu as ma bouche, mes bras, mons corps entier, et tout pourrait être si simple... Ma confiance ? Mais je n'ai pas de confiance à donner, moi; tu me gênes horriblement. Ah ! il faut que tu aies fait un bien mauvais coup pour me réclamer ainsi ma confiance.

GARCIN. — Ils m'ont fusillé.

ESTELLE. — Je sais: tu avais refusé de partir. Et puis ?

GARCIN. — Je... Je n'avais pas tout à fait refusé. (*Aux invisibles.*) Il parle bien, il blâme comme il faut, mais il ne dit pas ce qu'il faut faire. Allais-je entrer chez le général et lui dire: "Mon général, je ne pars pas" ? Quelle sottise ! Ils m'auraient coffré. Je voulais témoigner, moi, témoigner ! Je ne voulais pas qu'ils étouffent ma voix. (*A Estelle.*) Je... J'ai pris le train. Ils m'ont pincé à la frontière.

ESTELLE. — Où voulais-tu aller ?

GARCIN. — A Mexico. Je comptais y ouvrir un journal pacifiste. (*Un silence.*) Eh bien, dis quelque chose.

ESTELLE. — Que veux-tu que je te dise ? Tu as bien fait

puisque tu ne voulais pas te battre. (*Geste agacé de Garcin.*) Ah ! mon chéri, je ne peux pas deviner ce qu'il faut te répondre.

INÈS. — Mon trésor, il faut lui dire qu'il s'est enfui comme un lion. Car il s'est enfui, ton gros chéri. C'est ce qui le taquine.

GARCIN. — Enfui, parti; appelez-le comme vous voudrez.

ESTELLE. — Il fallait bien que tu t'enfuies. Si tu étais resté, ils t'auraient mis la main au collet.

GARCIN. — Bien sûr. (*Un temps.*) Estelle, est-ce que je suis un lâche ?

ESTELLE. — Mais je n'en sais rien, mon amour, je ne suis pas dans ta peau. C'est à toi de décider.

GARCIN, *avec un geste las.* — Je ne décide pas.

ESTELLE. — Enfin tu dois bien te rappeler; tu devais avoir des raisons pour agir comme tu l'as fait.

GARCIN. — Oui.

ESTELLE. — Eh bien ?

GARCIN. — Est-ce que ce sont les vraies raisons ?

ESTELLE, *dépitée.* — Comme tu es compliqué.

GARCIN. — Je voulais témoigner, je... j'avais longuement réfléchi... Est-ce que ce sont les vraies raisons ?

INÈS. — Ah ! voilà la question. Est-ce que ce sont les vraies raisons ? Tu raisonnais, tu ne voulais pas t'engager à la légère. Mais la peur, la haine et toutes les saletés qu'on cache, ce sont *aussi* des raisons. Allons, cherche, interroge-toi.

GARCIN. — Tais-toi ! Crois-tu que j'aie attendu tes conseils ? Je marchais dans ma cellule, la nuit, le jour. De la fenêtre à la porte, de la porte à la fenêtre. Je me suis épié. Je me suis suivi à la trace. Il me semble que j'ai passé une vie entière à m'interroger, et puis quoi, l'acte était là. Je... J'ai pris le train, voilà ce qui est sûr. Mais pourquoi ? Pourquoi ? A la fin j'ai pensé: c'est ma mort qui décidera; si je meurs proprement, j'aurai prouvé que je ne suis pas un lâche...

INÈS. — Et comment es-tu mort, Garcin?

GARCIN. — Mal. (*Inès éclate de rire.*) Oh! c'était une simple défaillance corporelle. Je n'en ai pas honte. Seulement tout est resté en suspens pour toujours. (*A Estelle.*) Viens là, toi. Regarde-moi. J'ai besoin que quelqu'un me regarde pendant qu'ils parlent de moi sur terre. J'aime les yeux verts.

INÈS. — Les yeux verts? Voyez-vous ça! Et toi, Estelle? aimes-tu les lâches?

ESTELLE. — Si tu savais comme ça m'est égal. Lâche ou non, pourvu qu'il embrasse bien.

GARCIN. — Ils dodelinent de la tête en tirant sur leurs cigares; ils s'ennuient. Ils pensent: Garcin est un lâche. Mollement, faiblement. Histoire de penser tout de même à quelque chose. Garcin est un lâche! Voilà ce qu'ils ont décidé, eux, mes copains. Dans six mois, ils diront: lâche comme Garcin. Vous avez de la chance vous deux; personne ne pense plus à vous sur la terre. Moi, j'ai la vie plus dure.

INÈS. — Et votre femme, Garcin?

GARCIN. — Eh bien, quoi, ma femme. Elle est morte.

INÈS. — Morte?

GARCIN. — J'ai dû oublier de vous le dire. Elle est morte tout à l'heure. Il y a deux mois environ.

INÈS. — De chagrin?

GARCIN. — Naturellement, de chagrin. De quoi voulez-vous qu'elle soit morte? Allons, tout va bien: la guerre est finie, ma femme est morte et je suis entré dans l'histoire.

Il a un sanglot sec et se passe la main sur la figure.
Estelle s'accroche à lui.

ESTELLE. — Mon chéri, mon chéri! Regarde-moi, mon chéri! Touche-moi, touche-moi. (*Elle lui prend la main et la met sur sa gorge.*) Mets ta main sur ma gorge. (*Garcin fait un mouvement pour se dégager.*) Laisse ta main; laisse-la, ne bouge pas. Ils vont mourir un à un: qu'importe ce qu'ils pensent. Oublie-les. Il n'y a plus que moi.

GARCIN, *dégageant sa main.* — Ils ne m'oublient pas, eux. Ils mourront, mais d'autres viendront, qui prendront la consigne: je leur ai laissé ma vie entre les mains.

ESTELLE. — Ah ! tu penses trop !

GARCIN. — Que faire d'autre ? Autrefois, j'agissais... Ah ! revenir un seul jour au milieu d'eux... quel démenti ! Mais je suis hors jeu; ils font le bilan sans s'occuper de moi, et ils ont raison puisque je suis mort. Fait comme un rat. (*Il rit.*) Je suis tombé dans le domaine public.

Un silence.

ESTELLE, *doucement.* — Garcin !

GARCIN. — Tu es là ? Eh bien, écoute, tu vas me rendre un service. Non, ne recule pas. Je sais: cela te semble drôle qu'on puisse te demander du secours, tu n'as pas l'habitude. Mais si tu voulais, si tu faisais un effort, nous pourrions peut-être nous aimer pour de bon ? Vois; ils sont mille à répéter que je suis un lâche. Mais qu'est-ce que c'est, mille ? S'il y avait une âme, une seule, pour affirmer de toutes ses forces que je n'ai pas fui, que je ne *peux pas avoir* fui, que j'ai du courage, que je suis propre, je... je suis sûr que je serais sauvé ! Veux-tu croire en moi ? Tu me serais plus chère que moi-même.

ESTELLE, *riant.* — Idiot ! cher idiot ! Penses-tu que je pourrais aimer un lâche ?

GARCIN. — Mais tu disais...

ESTELLE. — Je me moquais de toi. J'aime les hommes, Garcin, les vrais hommes, à la peau rude, aux main fortes. Tu n'as pas le menton d'un lâche, tu n'as pas la bouche d'un lâche, tu n'as pas la voix d'un lâche, tes cheveux ne sont pas ceux d'un lâche. Et c'est pour ta bouche, pour ta voix, pour tes cheveux que je t'aime.

GARCIN. — C'est vrai ? C'est bien vrai ?

ESTELLE. — Veux-tu que je te le jure ?

GARCIN. — Alors je les défie tous, ceux de là-bas et ceux d'ici. Estelle, nous sortirons de l'enfer. (*Inès éclate de rire. Il s'interrompt et la regarde.*) Qu'est-ce qu'il y a ?

INÈS, *riant.* — Mais elle ne croit pas un mot de ce qu'elle dit; comment peux-tu être si naïf ? "Estelle, suis-je un lâche ?" Si tu savais ce qu'elle s'en moque !

ESTELLE. — Inès ! (*A Garcin.*) Ne l'écoute pas. Si tu veux ma confiance il faut commencer par me donner la tienne.

INÈS. — Mais oui, mais oui ! Fais-lui donc confiance. Elle a besoin d'un homme, tu peux le croire, d'un bras d'homme autour de sa taille, d'une odeur d'homme, d'un désir d'homme dans des yeux d'homme. Pour le reste... Ha ! elle te dirait que tu es Dieu le Père, si cela pouvait te faire plaisir.

GARCIN. — Estelle ! Est-ce que c'est vrai ? Réponds; est-ce que c'est vrai ?

ESTELLE. — Que veux-tu que je te dise ? Je ne comprends rien à toutes ces histoires. (*Elle tape du pied.*) Que tout cela est donc agaçant ! Même si tu étais un lâche, je t'aimerais, là ! Cela ne te suffit pas ?

Un temps.

GARCIN, *aux deux femmes.* — Vous me dégoûtez !

Il va vers la porte.

ESTELLE. — Qu'est-ce que tu fais ?

GARCIN. — Je m'en vais.

INÈS, *vite.* — Tu n'iras pas loin: la porte est fermée.

GARCIN. — Il faudra bien qu'ils l'ouvrent.

Il appuie sur le bouton de sonnette. La sonnette ne fonctionne pas.

ESTELLE. — Garcin !

INÈS, *à Estelle.* — Ne t'inquiète pas; la sonnette est détraquée.

GARCIN. — Je vous dis qu'ils ouvriront. (*Il tambourine contre la porte.*) Je ne peux plus vous supporter, je ne peux plus. (*Estelle court vers lui, il la repousse.*) Va-t'en ! Tu me dégoûtes encore plus qu'elle. Je ne veux pas m'enliser dans tes yeux. Tu es moite ! tu es molle ! Tu es une pieuvre, tu es un marécage. (*Il frappe contre la porte.*) Allez-vous ouvrir ?

ESTELLE. — Garcin, je t'en supplie, ne pars pas, je ne te parlerai plus, je te laisserai tout à fait tranquille, mais ne pars pas. Inès a sorti ses griffes, je ne veux plus rester seule avec elle.

GARCIN. — Débrouille-toi. Je ne t'ai pas demandé de venir.

ESTELLE. — Lâche ! lâche ! Oh ! c'est bien vrai que tu es lâche.

INÈS, *se rapprochant d'Estelle.* — Eh bien, mon alouette, tu n'es pas contente ? Tu m'as craché à la figure pour lui plaire et nous nous sommes brouillées à cause de lui. Mais il s'en va, le trouble-fête, il va nous laisser entre femmes.

ESTELLE. — Tu n'y gagneras rien; si cette porte s'ouvre, je m'enfuis.

INÈS. — Où ?

ESTELLE. — N'importe où. Le plus loin de toi possible.

Garcin n'a cessé de tambouriner contre la porte.

GARCIN. — Ouvrez ! Ouvrez donc ! J'accepte tout: les brodequins, les tenailles, le plomb fondu, les pincettes, le garrot, tout ce qui brûle, tout ce qui déchire, je veux souffrir pour de bon. Plutôt cent morsures, plutôt le fouet, le vitriol, que cette souffrance de tête, ce fantôme de souffrance, qui frôle, qui caresse et qui ne fait jamais assez mal. (*Il saisit le bouton de la porte et le secoue.*) Ouvrirez-vous ? (*La porte s'ouvre brusquement, et il manque de tomber.*) Ha !

Un long silence.

INÈS. — Eh bien, Garcin ? Allez-vous-en.

GARCIN, *lentement.* — Je me demande pourquoi cette porte s'est ouverte.

INÈS. — Qu'est-ce que vous attendez ? Allez, allez vite !

GARCIN. — Je ne m'en irai pas.

INÈS. — Et toi, Estelle ? (*Estelle ne bouge pas; Inès éclate de rire.*) Alors ? Lequel ? Lequel des trois ? La voie est libre, qui nous retient ? Ha ! c'est à mourir de rire ! Nous sommes inséparables.

Estelle bondit sur elle par derrière.

ESTELLE. — Inséparables ? Garcin ! Aide-moi, Aide-moi vite. Nous la traînerons dehors et nous fermerons la porte sur elle; elle va voir.

INÈS, *se débattant.* — Estelle ! Estelle ! Je t'en supplie, garde-moi. Pas dans le couloir, ne me jette pas dans le couloir !

42

GARCIN. — Lâche-la.

ESTELLE. — Tu es fou, elle te hait.

GARCIN. — C'est à cause d'elle que je suis resté.

Estelle lâche Inès et regarde Garcin avec stupeur.

INÈS. — A cause de moi ? (*Un temps.*) Bon, eh bien, fermez la porte. Il fait dix fois plus chaud depuis qu'elle est ouverte. (*Garcin va vers la porte et la ferme.*) A cause de moi ?

GARCIN. — Oui. Tu sais ce que c'est qu'un lâche, toi.

INÈS. — Oui, je le sais.

GARCIN. — Tu sais ce que c'est que le mal, la honte, la peur. Il y a eu des jours où tu t'es vue jusqu'au cœur — et ça te cassait bras et jambes. Et le lendemain, tu ne savais plus que penser, tu n'arrivais plus à déchiffrer la révélation de la veille. Oui, tu connais le prix du mal. Et si tu dis que je suis un lâche, c'est en connaissance de cause, hein ?

INÈS. — Oui.

GARCIN. — C'est toi que je dois convaincre: tu es de ma race. T'imaginais-tu que j'allais partir ? Je ne pouvais pas te laisser ici, triomphante, avec toutes ces pensées dans ta tête; toutes ces pensées qui me concernent.

INÈS. — Tu veux vraiment me convaincre ?

GARCIN. — Je ne peux plus rien d'autre. Je ne les entends plus, tu sais. C'est sans doute qu'ils ont fini avec moi. Fini: l'affaire est classée, je ne suis plus rien sur terre, même plus un lâche. Inès, nous voilà seuls: il n'y a plus que vous deux pour penser à moi. Elle ne compte pas. Mais toi, toi qui me hais, si tu me crois, tu me sauves.

INÈS. — Ce ne sera pas facile. Regarde-moi: j'ai la tête dure.

GARCIN. — J'y mettrai le temps qu'il faudra.

INÈS. — Oh ! tu as tout le temps. *Tout* le temps.

GARCIN, *la prenant aux épaules*. — Écoute, chacun a son but, n'est-ce pas ? Moi, je me foutais de l'argent, de l'amour. Je voulais être un homme. Un dur. J'ai tout misé sur le même cheval. Est-ce que c'est possible qu'on soit un lâche quand on a choisi les chemins les plus dangereux ? Peut-on juger une vie sur un seul acte ?

Inès. — Pourquoi pas ? Tu as rêvé trente ans que tu avais du cœur; et tu te passais mille petites faiblesses parce que tout est permis aux héros. Comme c'était commode ! Et puis, à l'heure du danger, on t'a mis au pied du mur et... tu as pris le train pour Mexico.

Garcin. — Je n'ai pas rêvé cet héroïsme. Je l'ai choisi. On est ce qu'on veut.

Inès. — Prouve-le. Prouve que ce n'était pas un rêve. Seuls les actes décident de ce qu'on a voulu.

Garcin. — Je suis mort trop tôt. On ne m'a pas laissé le temps de faire *mes* actes.

Inès. — On meurt toujours trop tôt — ou trop tard. Et cependant la vie est là, terminée; le trait est tiré, il faut faire la somme. Tu n'es rien d'autre que ta vie.

Garcin. — Vipère ! Tu as réponse à tout.

Inès. — Allons ! allons ! Ne perds pas courage. Il doit t'être facile de me persuader. Cherche des arguments, fais un effort. (*Garcin hausse les épaules.*) Eh bien, eh bien ? Je t'avais dit que tu étais vulnérable. Ah ! comme tu vas payer à présent. Tu es un lâche, Garcin, un lâche parce que je le veux. Je le veux, tu entends, je le veux ! Et pourtant, vois comme je suis faible, un souffle; je ne suis rien que le regard qui te voit, que cette pensée incolore qui te pense. (*Il marche sur elle, les mains ouvertes.*) Ha ! elles s'ouvrent, ces grosses mains d'homme. Mais qu'espères-tu ? On n'attrape pas les pensées avec les mains. Allons, tu n'as pas le choix: il faut me convaincre. Je te tiens.

Estelle. — Garcin !

Garcin. — Quoi ?

Estelle. — Venge-toi.

Garcin. — Comment ?

Estelle. — Embrasse-moi, tu l'entendras chanter.

Garcin. — C'est pourtant vrai, Inès. Tu me tiens, mais je te tiens aussi.

Il se penche sur Estelle. Inès pousse un cri.

INÈS. — Ha ! lâche ! lâche ! Va ! Va te faire consoler par les femmes.

ESTELLE. — Chante, Inès, chante !

INÈS. — Le beau couple ! Si tu voyais sa grosse patte posée à plat sur ton dos, froissant la chair et l'étoffe. Il a les mains moites; il transpire. Il laissera une marque bleue sur ta robe.

ESTELLE. — Chante ! Chante ! Serre-moi plus fort contre toi, Garcin; elle en crèvera.

INÈS. — Mais oui, serre-la bien fort, serre-la ! Mêlez vos chaleurs. C'est bon l'amour, hein Garcin ? C'est tiède et profond comme le sommeil, mais je t'empêcherai de dormir.

Geste de Garcin.

ESTELLE. — Ne l'écoute pas. Prends ma bouche; je suis à toi tout entière.

INÈS. — Eh bien, qu'attends-tu ? Fais ce qu'on te dit. Garcin le lâche tient dans ses bras Estelle l'infanticide. Les paris sont ouverts. Garcin le lâche l'embrassera-t-il ? Je vous vois, je vous vois; à moi seule je suis une foule, la foule, Garcin, la foule, l'entends-tu ? (*Murmurant.*) Lâche ! Lâche ! Lâche ! Lâche ! En vain tu me fuis, je ne te lâcherai pas. Que vas-tu chercher sur ses lèvres ? L'oubli ? Mais je ne t'oublierai pas, moi. C'est moi qu'il faut convaincre. Moi. Viens, viens ! Je t'attends. Tu vois, Estelle, il desserre son étreinte, il est docile comme un chien... Tu ne l'auras pas !

GARCIN. — Il ne fera donc jamais nuit ?

INÈS. — Jamais.

GARCIN. — Tu me verras toujours ?

INÈS. — Toujours.

Garcin abandonne Estelle et fait quelques pas dans la pièce. Il s'approche du bronze.

GARCIN. — Le bronze... (*Il le caresse.*) Eh bien, voici le moment. Le bronze est là, je le contemple et je comprends que je suis en enfer. Je vous dis que tout était prévu. Ils avaient prévu que je me tiendrais devant cette cheminée, pressant la main sur ce bronze, avec tous ces regards sur moi.

Tous ces regards qui me mangent... (*Il se retourne brusquement.*) Ha ! vous n'êtes que deux ? Je vous croyais beaucoup plus nombreuses. (*Il rit.*) Alors, c'est ça l'enfer. Je n'aurais jamais cru... Vous vous rappelez: le soufre, le bûcher, le gril... Ah ! quelle plaisanterie. Pas besoin de gril: l'enfer, c'est les Autres.

ESTELLE. — Mon amour !

GARCIN, *la repoussant.* — Laisse-moi. Elle est entre nous. Je ne peux pas t'aimer quand elle me voit.

ESTELLE. — Ha ! Eh bien, elle ne vous verra plus.

> *Elle prend le coupe-papier sur la table, se précipite sur Inès et lui porte plusieurs coups.*

INÈS, *se débattant et riant.* — Qu'est-ce que tu fais, qu'est-ce que tu fais, tu es folle ? Tu sais bien que je suis morte.

ESTELLE. — Morte ?

> *Elle laisse tomber le couteau. Un temps. Inès ramasse le couteau et s'en frappe avec rage.*

INÈS. — Morte ! Morte ! Morte ! Ni le couteau, ni le poison, ni la corde. C'est *déjà fait,* comprends-tu ? Et nous sommes ensemble pour toujours.

> *Elle rit.*

ESTELLE, *éclatant de rire.* — Pour toujours, mon Dieu que c'est drôle ! Pour toujours !

GARCIN *rit en les regardant toutes deux.* — Pour toujours !

> *Ils tombent assis, chacun sur son canapé. Un long silence. Ils cessent de rire et se regardent. Garcin se lève.*

GARCIN. — Eh bien, continuons.

> *Rideau.*

NOTES

p. 1, l. 12 Second Empire [*reign of Louis Napoleon (1851–1870); in interior decoration, a style of heavy, pseudo-Roman ornateness.*]

l. 24 un bronze   *a sculpture in bronze*
Pensez-vous!   *What an idea!*

l. 29 dans des meubles   *with furniture*

l. 31 Louis-Philippe [*king of the French (1830–1848); in furniture this term signifies, from the modern point of view, excessively bad taste and symbolizes here narrow-minded, petty bourgeois life.*]

l. 35 je ne me serais pas attendu   *I would not have expected...*

p. 2, l. 4 Comment pouvez-vous croire ces âneries?   *How could you believe such stupid remarks?*

l. 12 les pals, les grils, les entonnoirs de cuir   *stakes, grills, leather funnels* [*conventional instruments of torture*]

l. 21 Je n'ignore rien de ma position   *I am quite aware of my position.*

l. 24 Ils s'amènent   *They turn up.*

l. 33 de tous mes yeux   *with my eyes really open*

p. 3, l. 1 il s'enfonce   *he goes under*

l. 2 Barbedienne [*Nineteenth-century manufacturer of copies in bronze of statuary of antiquity and of the Renaissance.*]

l. 4 on ne me prend pas au dépourvu   *one doesn't catch me off guard*

l. 11 vous prend derrière les oreilles   *slips up on you*

l. 22 J'y suis   *I have the answer.*

l. 23 sans coupure   *without interruption*

p. 4, l. 1 Ne faites pas l'imbécile   *Don't pretend to be stupid.*

l. 6 J'avais le sommeil douillet   *I slept pleasantly.*

l. 24 J'aurais dû m'en douter   *I should have suspected as much.*

l. 29 à discrétion   *as much as one wants*

p. 5, l. 13 il y a quelque chose de coincé dans le mécanisme   *There is something jammed in the mechanism.*

l. 16 Elle marche!   *It works!*

l. 18 Mais ne vous emballez pas   *But don't get too excited about it.*

p. 6, l. 14 le flatte de la main   *pats it with his hand*

l. 21 Il fait pleuvoir une grêle de coups de poings sur la porte   *He pounds repeatedly on the door with his fists.*

p. 7, l. 32 c'est manqué   *it failed*

p. 8, l. 4 Quelle extravagance!   *What nonsense!*

l. 7 nous sommes logés à la même enseigne   *We're in this together.*

l. 10 à quoi les reconnaît-on?   *how does one recognize them?*

l. 18 C'est assommant!   *What a nuisance!*

l. 22 Ca vous regarde   *That's your concern.*

l. 25 vous me bavardiez dans la tête *.your chatter still got through*

l. 35 Mufle! *Scoundrel!*

p. 23, *l. 7* Et après? *So what?*

l. 22 Vous m'avez volé jusqu'à mon visage *You have taken everything from me, even my face*

l. 33 C'est bon *All right.*

l. 35 Mais il ne faut pas trop demander *But one mustn't ask for too much.*

p. 24, *l. 7* Tout à l'heure nous serons nus comme des vers *Shortly we'll be naked as worms.*

l. 22 Tant que *As long as*

p. 25, *l. 5* Le sang, on dirait de la rouille *One would say the blood was rust.*

l. 8 Je rentrais saoul comme un cochon *I would come home dead drunk.*

l. 13 qui a la vocation du martyre *who was called to suffer martyrdom*

l. 19 Je l'avais tirée du ruisseau, comprenez-vous? *I had snatched her out of the gutter, do you understand?*

l. 22 à l'aveuglette *blindly*

l. 29 comme nous faisions la grasse matinée *as we slept late*

l. 32 Goujat! *Boor!*

p. 26, *l. 9* Ils ont fini par ôter les scellés *They have finally broken the seals.*

l. 19 De la rigolade! *It was really funny!*

l. 30 C'est à voir *That remains to be seen.*

l. 31 Pour finir, elle m'est restée sur les bras *To make a long story short, I had her in my clutches.*

p. 27, *l. 15* Après? *So what?*

l. 20 Ce type au visage fracassé *That fellow with his face all bashed in*

l. 30 Il s'est lâché un coup de fusil dans la figure *He shot himself in the face*

p. 28, *l. 25* Vous n'y êtes pas du tout *You don't understand at all.*

p. 29, *l. 6* Il s'est fait sauter la tête? *Then he blew his head off?*

l. 15 gueule de bourreau *executioner-like expression*

l. 24 Il ne faut pas m'en vouloir *You mustn't be angry with me.*

l. 35 Ils ont embrouillé tous les fils *They have tangled all the wires.*

p. 30. *l. 28* si nous essayions? *suppose we tried?*

l. 36 Peut-être bien que je m'en doute *Perhaps indeed I suspect just that.*

p. 31, *l. 15* lâchez prise *let go*

l. 17 Est-ce que j'ai une tête à lâcher prise? *Do I look like a person who would let go?*

p. 32, *l. 22* eau vive *his inspiration* [*clear water*]

l. 25 à bout de souffle *out of breath*

49

50

QUESTIONS ET SUJETS DE COMPOSITION

Scène Première

1. Faites la description de la chambre dans laquelle Garcin est introduit. Quel rapport cette pièce a-t-elle avec l'Enfer tel qu'on se le représente ordinairement?

2. A votre avis, quel rôle jouent les deux objets sur la cheminée (le bronze et le coupe-papier)?

3. Quelle signification attachez-vous à la remarque de Garcin au sujet de sa brosse à dents?

4. Pourquoi l'auteur insiste-t-il dès le début de la pièce sur le manque de glaces, sur l'impossibilité du sommeil, et sur l'atrophie des paupières?

5. Quelle impression vous fait Garcin dans les deux premières scènes?

6. Quel est le rôle du garçon?

Scène Troisième

1. Montrez le contraste entre l'arrivée d'Inès et celle de Garcin dans la chambre.

2. Quelle théorie existentialiste sur les relations entre êtres humains se dégage des répliques, lignes 28-36, page 7 et 1-7, page 8, entre Inès et Garcin?

3. Pourquoi Garcin n'est-il guère convaincant lorsqu'il affirme qu'il n'a pas peur?

Scène Quatrième

1. Quelle erreur d'identification Estelle fait-elle en voyant Garcin?

2. De quelle manière l'auteur dégage-t-il immédiatement la personnalité d'Estelle?

Scène Cinquième

1. Quels renseignements Estelle donne-t-elle au sujet de son enterrement?

2. Comment les trois personnages montrent-ils qu'ils sont encore attachés à la vie terrestre?

3. Expliquez la réplique d'Estelle, ligne 17, page 15.

4. Pourquoi Inès voudrait-elle que chacun d'entre eux ait le courage de dire la vérité?

5. Comment Estelle essaye-t-elle de faire croire à une erreur en ce qui concerne sa condamnation?

6. Quel genre de mort Garcin prétend-il avoir eu?

7. Comment Inès explique-t-elle que les trois se trouvent enfermés ensemble?

8. Pourquoi Estelle et Garcin veulent-ils qu'Inès se taise?

9. Expliquez l'importance de la réplique d'Inès, ligne 21, page 18.

10. Pourquoi Estelle a-t-elle toujours besoin de glaces et de miroirs? Quel contraste offre-t-elle en ceci avec Inès?

11. Comment Inès essaye-t-elle de captiver Estelle?

12. Pourquoi Garcin s'intéresse-t-il encore à ce qu'on dit de lui sur terre?

13. Quelle interprétation donnez-vous à la réplique d'Inès, lignes 6-12, page 22?

14. Quelles nouvelles révélations Garcin fait-il sur sa femme et lui-même? (pages 24-25).

15. De quelle manière Inès est-elle morte? De combien de morts est-elle responsable?

16. Quels crimes Estelle a-t-elle commis?

17. Expliquez la signification de la scène du dancing où Estelle voit Pierre et Olga.

18. Qu'est-ce qui pousse Garcin à révéler petit à petit les vraies circonstances de sa mort?

19. Pourquoi Garcin se sert-il des mots *moite, molle, pieuvre, marécage* pour décrire Estelle? Expliquez aussi pourquoi il choisit le verbe *s'enliser*.

20. *L'enfer c'est les Autres.* Expliquez cette affirmation en vue des théories existentialistes.